Projekt-Arbeit

Konzeption und Beispiele

Von

Udo W. Kliebisch
Peter Sommer

Schneider Verlag Hohengehren GmbH

Umschlaggestaltung:
Wolfgang H. Ariwald, BDG, 59519 Möhnesee

Gedruckt auf umweltfreundlichem Papier (chlor- und säurefrei hergestellt).

Die Deutsche Bibliothek – CIP-Einheitsaufnahme

Kliebisch, Udo:
Projekt-Arbeit: Konzeption und Beispiele /
von Udo W. Kliebisch ; Peter Sommer. –
Baltmannsweiler : Schneider-Verl. Hohengehren, 1997
ISBN 3-87116-872-6
NE: Sommer, Peter:

Printed in Germany – Druck: Wilhelm Jungmann Göppingen

INHALTSVERZEICHNIS

0. Zu diesem Buch

> „... wenn eine didaktische Theorie in ihrem Anspruch konform ist mit den Erwartungen und Zielen der am Unterricht Beteiligten und wenn sie so formuliert ist, daß sie den eigentlichen Zweck von Theoriebildung im pädagogischen Handlungsfeld erfüllt, nämlich pädagogisches Handeln für die Handelnden rational durchschaubar zu machen – erst dann, *nur dann* ist sie eine wertvolle und unverzichtbare Hilfe für die in der Unterrichtspraxis Tätigen."
>
> (Boettcher u. a., 1980, 75)

Was wir wollen

In diesem Buch geht es um das Thema „Ganzheitlichkeit". Der Begriff wird in der aktuellen Diskussion in vielfacher Weise gebraucht und verkommt dabei leider mitunter zu einem nichtssagenden Modewort. Wenn wir von „Ganzheitlichkeit" sprechen, meinen wir damit ein umfassendes pädagogisches Prinzip. Es setzt sich zusammen aus einem spezifischen Bild vom Menschen, von seiner biologisch-chemisch-physikalischen und sozialen Um-welt, den Beziehungen des Menschen zu dieser seiner Welt und schließlich aus den daraus sich ergebenden methodisch-didaktischen Erwägungen. Die methodisch-didaktische Reflexion stellt dabei die unmittelbare praktische Konsequenz dessen dar, was wir über den Menschen und seine Interaktionen zu sagen vermögen.

Vor diesem Hintergrund verfolgen wir das Ziel, Sie als Leser sowohl mit unseren anthropologischen Grundannahmen vertraut zu machen als auch Beispiele für deren konkrete Umsetzung im Rahmen alltäglicher Erziehungspraxis zu geben. Unser Anliegen lautet:

Die Idee der Ganzheitlichkeit muß zur Erziehungswirklichkeit werden.

Worüber wir sprechen – die Theorie

Es gibt kaum etwas Praktischeres als eine gute Theorie, zumindest wäre eine Erziehungspraxis vergleichsweise blind, würde sie sich nicht auf ein pädagogisches Modell beziehen können, das sie stützt. Aus diesem Grunde werden auch wir Sie zunächst mit Aspekten einer ganzheitlichen Pädagogik (Kap. 2) bekannt machen, bevor wir uns den Folgerungen zuwenden, die sich daraus im einzelnen für die Erziehungspraxis ableiten lassen.

Unser Verständnis einer ganzheitlich orientierten Pädagogik geht von der Vorstellung eines Menschen aus, der von Geburt an auf intime Weise mit der Welt, in der er lebt, vernetzt ist. Die Vermittlung von Wissen – zumindest wenn sie organisiert vor sich geht – nimmt von diesem Umstand oft nur wenig Notiz; sie begnügt sich weitgehend mit der Tradierung von Wissenssegmenten (Kap. 2.1.). Unsere Forderung lautet daher:

System statt Segmentierung

Ein weiteres anthropologisches Datum einer ganzheitlich ausgerichteten Pädagogik besteht in der Idee des Menschen als rational-emotivem Wesen. Schule und Universität tragen dieser psychophysischen Einheit kaum Rechnung; sie überbewerten vielmehr einseitig die Vernunft (Kap. 2.2.). Unsere Forderung lautet daher:

Rehalbilitierung des Emotionalen statt Favorisierung des Rationalen

Ganzheitliche Pädagogik nimmt den Menschen in seinen fortwährenden sozialen Wechselbeziehungen ernst; die Unterweisung an Schulen und Hochschulen weiß sich demgegenüber meist immer noch einem eindimensionalen Erziehungsverständnis verpflichtet, das es zu überwinden gilt (Kap. 2.3.). Unsere Forderung lautet daher:

Interaktion statt Linerarität

Was wir zeigen – die Praxis

Die damit knapp skizzierten theoretischen Vorgaben einer Pädagogik der Ganzheitlichkeit werden im dritten und vierten Kapitel des Buches in konkrete Praxis umgesetzt. Dabei vertreten wir die schon zu Anfang (Kap. 1) entwickelte Behauptung, daß die Annahmen einer ganzheitlich verstandenen Erziehung an ehesten in dem methodisch-didaktischen Prinzip der

Projektarbeit

verwirklicht werden können.

Wir veranschaulichen diesen Gedanken anhand von insgesamt sechs Projektverläufen zu den Themen „Gewalt“ (Kap. 3.4 u. 3.5), „Verantwortliches Handeln“ (Kap. 4.4 u. 4.5) und „Grundfragen der Erziehung“ (Kap. 5.4. u. 5.5). Jedes Thema wird zweimal bearbeitet: einmal für SchülerInnen im Alter von 10 bis 15 Jahren, zum anderen für TeilnehmerInnen ab 16 Jahren.

Welche Materialien wir bieten

* Jedes Praxiskapitel beginnt mit einer knappen, inhaltlichen Einführung in das jeweilige Projektthema (Kap. 3.1., 4.1., 5.1).
* Mit Hilfe einer Checkliste können Sie grundlegende Fragen, die im Vorfeld eines Projekts anfallen, systematisch klären.
* Die Darstellung der Projektverläufe erfolgt mit Hilfe von insgesamt 88 sowohl thematisch als auch methodisch-didaktisch aufbereiteten Bausteinen (Kap. 3.4., 3.5., 4.4., 4.5., 5.4., 5.5.).
* Zu jedem Thema gibt es vorweg – zum leichteren Auf- und Wiederfinden – eine detaillierte Übersicht der verwendeten Projektbausteine (Kap. 3.3., 4.3., 5.3.).
* Für jedes Projektbeispiel wurde ein ausführliches Literatur- und Medienverzeichnis erstellt (Kap. 3.6., 4.6., 5.6.). Es enthält
  - Literatur zum Thema für die Hand des Lehrenden und
  - Literatur, Quellen und Medien zu den ausgewählten Projektbausteinen.

1. Lernen in Schwerpunkten

„Die Betroffenheit der Schüler hat nur dann einstellungsverändernde Wirkung, wenn sie selbst erlebt und nicht allein durch die kognitive Aufarbeitung von Konfliktfällen 'künstlich' hergestellt werden muß. Daher liegen in den Chancen eigenen Erlebens die fruchtbarsten Momente eines Projektunterrichts.“

(Balscho / Eulefeld / Seybold, 1980, 108)

In diesem Kapitel

* erfahren Sie, daß Schule und Universität heute mehr denn je einer dringenden Veränderung bedürfen.
* stellen wir in einem ersten Zugriff die zum Zwecke solcher Veränderung erforderliche systemisch-ganzheitliche Neuorientierung der pädagogischen Praxis vor.
* erläutern wir den Zusammenhang zwischen dem skizzierten Erziehungsverständnis und dem Inhalt dieses Buches.

Schule und Universität in ihrer jetzigen Struktur müssen überarbeitet werden. Es sollte begonnen werden, ein pädagogisches Profil zu entwickeln, in dem Anteile von praktischem Lernen und sozialem Lernen, von Lernen in Projekten, von wissenschaftspropädeutischem Arbeiten Platz haben. Dabei erscheint es notwendig, schon frühzeitig eine Profilbildung zu beginnen, um an erworbenen Arbeitstechniken, Kenntnissen und Fähigkeiten weiterzuarbeiten, diese weiterzuentwickeln, um letztendlich zu einem kooperativen und selbständigen Arbeiten zu kommen.

Gruppenarbeit, selbständige Informationsbeschaffung, Bearbeitung und Lösung von Aufgaben, aber auch adressatenbezogene Ergebnisdarstellung sollten systematisch eingeübt werden.

Das Lernen sollte generell so gestaltet werden, daß die Kluft zwischen Schule bzw. Universität und Leben verringert wird. Die Auswahl der Themen und Inhalte sollte sowohl aktuelle Lebensbezüge als auch das Arbeitsleben einbeziehen, sich Anforderungen aus Wirtschaft und Wissenschaft öffnen und die Jugendlichen befähigen, in Auseinandersetzung und Aneignung damit ihren persönlichen Entwicklungsweg zu finden.

Ergänzend zur fachlichen Bildung sind fächerübergreifende Fragestellungen und Themen zu bearbeiten, um so den theoretischen Zugriff und das praktische Lernen miteinander zu verbinden. Dabei muß man sich zukunftsrelevanten Anforderungsprofilen stellen: veränderte Lebensverhältnisse in Beruf, Freizeit und Privatleben; komplexe Lebenssituationen, beschleunigter sozialer und technologischer Wandel; Erhaltung der natürlichen Lebensgrundlage, soziale und ethische Verantwortung technisch-industrieller Entwicklungen.

Mit Kopf, Herz und Hand zu lernen sollte das neue Ziel der (Hoch-)Schule werden. Davon ist der heutige Lehrbetrieb jedoch – immer noch! – weit entfernt. Im wesentlichen bleibt nur die Arbeit mit dem Kopf, also mit Büchern, Texten und den Theorien. Dabei muß die Struktur von Schule grundlegend geändert werden: Eigenständiges und selbstverantwortliches Lernen, projektbezogenes Arbeiten und Aufheben der Fächergrenzen bei komplexeren Problemstellungen sind die Hauptziele.

Neben inhaltlichen Zielen geht es dabei auch um eine Veränderung der Arbeitsweise der Jugendlichen. Sie sollen lernen, selbständig übergreifende Fragestellungen zu entwickeln und eigene Antworten zu finden. Dabei muß ein weiteres Ziel beachtet werden: die jungen Menschen sollen versuchen, ihre eigenen Lernprozesse zu beobachten und Schwierigkeiten, Irrwege und Lösungsansätze kritisch zu reflektieren (s. Abb. 1).

Lernen wird von den Heranwachsenden oftmals nur als ein notwendiges Übel betrachtet. Trotzdem sollte Lernen eigentlich Spaß machen. Der Ausdruck „Spaß am Lernen“ erscheint von daher in den meisten Schüler- und Studentenohren wie Hohn zu klingen.

- Eigenständiges Lernen
- Projektbezogenes Arbeiten
- Beobachten von Lernprozessen
- Kritische Reflexion von Schwierigkeiten und Lösungen

Abb. 1 Ziele von (Hoch-)Schule

In der Regel nervt (Hoch-)Schule: Konkurrenzkampf, Unpersönlichkeit sowie das sture Vorsetzen und Vorkauen von Inhalten, die entweder uninteressant sind oder falsch vermittelt werden. Dies sind in der Regel Faktoren dafür, den Spaß am Lernen nachhaltig zu vermiesen. Eigeninitiative wird nicht gefördert, sondern meistens unterdrückt. Man erzieht die Jugendlichen zu Konsumenten und diese Rolle nehmen diese dann auch an bzw. finden sich damit ab. Zwar verurteilen die Lehrenden diese Akzeptanz, doch sie haben selbst dazu beigetragen, daß die Lernenden so geworden ist.

So erscheint es notwendig, das System von Schule und Hochschule zu verändern. Hiermit kann aber realistischerweise nur gemeint sein, daß das pädagogische und didaktische Grundkonzept von Unterricht neu durchdacht werden muß. Es muß versucht werden, die Schüler- bzw. Studentenrolle so zu gewichten, daß das Lernen wieder Spaß macht, aber auch, daß die Schule und Universität ihren demokratischen Auftrag erfüllen können. Im Vordergrund sollte die Interaktion stehen, das Bemühen sozialverantwortliches Handeln als Grundkonzept von Unterricht zu begreifen. Dabei geht es darum, die Zusammenarbeit, die Mitwirkung der am Lehr- und Lernprozeß beteiligten Personen und Institutionen so aufeinander zu beziehen, daß bei einen Minimum von Zwang sowie der Freiheit des Einzelnen ein Optimum von Lernerfolg erzielt wird.

Der (Hoch-) Schüler muß als Mensch ernst genommen werden, sein Denken, sein Fühlen und sein Handeln müssen Beachtung finden, damit Unterricht für ihn einen Wert darstellt.

Jugendliche kommen mit ganz bestimmten Erwartungen und Vorstellungen zur Schule bzw. Universität. Dies fängt in der Grundschule damit an, daß sie bestimmte Fertigkeiten im Umgang mit Sprache und Zahlen erlernen möchten. Dies setzt sich in der weiterführenden Schule dahingehend fort, daß sie alles, was mit „Welt" zu tun hat, begreifen und für sich erfahrbar machen wollen. In der Oberstufe beginnt dann eine Spezialisierung der Wissensinhalte, die sich an der Universität intensiviert.

Doch die (Hoch-) Schulwirklichkeit sieht oftmals anders aus. Hier steht im Mittelpunkt, die Bedürfnisse des jungen Menschen und die Ansprüche der Gesellschaft aufeinander abzustimmen, wobei nicht selten die individuellen Wünsche der Lernenden nicht hinreichend berücksichtigt werden. Soll aber die Motivation erhalten bleiben, dann ist es dringend erforderlich, auf die persönlichen Bedürfnisse der Lernenden stärker einzugehen. Versagt hier die jeweilige Bildungseinrichtung, wird die Leistungsmotivation abgebaut, was zur Folge hat, daß die Heranwachsenden dem Lernprozeß nur noch aphatisch folgen und die (Hoch-) Schule nicht einmal als die „schönste Nebensache" akzeptiert wird. Auf diesem Hintergrund werden auch die beste Schule oder Uni und der bestausgebildete Lehrer oder Professor keine Verhaltensänderungen herbeiführen können.

Dies bedeutet eine notwendige Neuorientierung von Unterricht, Vorlesungen und Seminaren. Neben der Förderung im kognitiven Bereich erwarten die Lernenden auch eine Berücksichtigung ihrer emotionalen Bedürfnisse. Dabei ist zu beachten, daß die Wissenschaft nur einen Teilbereich der Kultur abdeckt (s. Abb. 2).

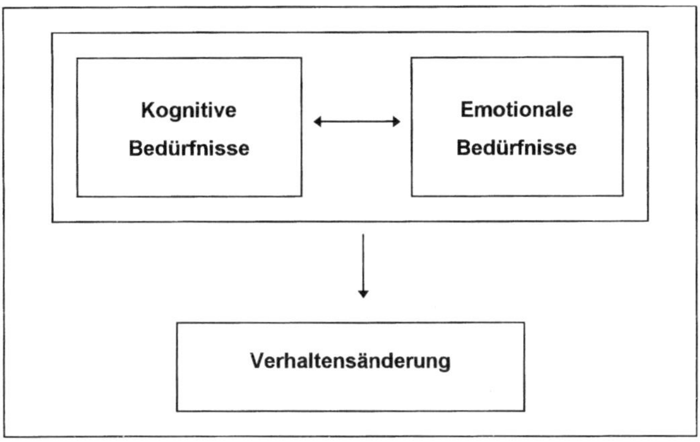

Abb. 2 Der Weg zur Verhaltensänderung

Gerade damit aber wird der (Hoch-) Schüler in differenzierter Weise konfrontiert: Die Schule stürmt mit einer Vielzahl von Unterrichtsfächern auf die Schüler ein, wie die Universität den Studenten mit einer Unmenge unterschiedlicher Fachrichtungen konfrontiert. Dabei geht in der Regel der Sinn von Zusammengehörigkeit und Intentionen verloren. Hier muß der Auftrag von Schule und Universität lauten, sich verstärkt mit einer ganzheitlichen Perspektive vertraut zu machen, statt den Auftrag dahingehend zu sehen, Schüler und Studenten zu „Fachidioten" zu erziehen.

Das vorliegende Buch will diesem Grundgedanken dadurch gerecht werden, daß es vor dem Hintergrund eines ganzheitlich orientierten pädagogischen Ansatzes eine Reihe von Überlegungen anstellt, wie ein Lernen in Schwerpunkten in der Praxis möglich werden kann. Ausgehend von den Gedanken, daß das in Schule und Universität zu vermittelnde Wissen grundsätzlich in systemischen Zusammenhängen und nicht etwa isoliert vorliegt (Kap. 2.1.), wird vor allem einer längst überfälligen Rehabilitierung des Emotionalen das Wort geredet (Kap. 2.2.). Die damit notwendig verbundene emotionale Emanzipation aller am Lernprozeß Beteiligten wird sich allerdings nur im Rahnen von Interaktionen vollziehen, die aus unserer Sicht stets nur als personale Interaktionen angemessen zu verstehen sind (Kap. 2.3.).

Im Anschluß an diese theoretischen Vorgaben wird der Projektgedanke als Ausdruck systemisch-ganzheitlichen Lernens an drei Beispielen, „Gewalt“ (Kap. 3.), „Verantwortliches Handeln“ (Kap. 4.) und „Grundfragen der Erziehung“ (Kap. 5.) konkret für die unterrichtliche Praxis handhabbar gemacht. Der Leser erhält zu jedem Thema ein Angebot von Projektbausteinen (Kap. 3.3., 4.3, 5.3.), die er entweder nach seinem jeweiligen Bedarf für eigene Projekte neu zusammenstellen oder die er in einer von uns vorgegebenen Anordnung für Teilnehmer unterschiedlichen Alters direkt nutzen kann (Kap. 3.4./3.5., 4.3./4.5. und 5.3/5.5.). Jedes Praxiskapitel schließt mit einer ausführlichen Literaturliste, die nicht allein Material für den Lehrenden bereithält, sondern auch alle im Kontext des einzelnen Projektverlaufs zu verwendenden Texte und Quellen bibliographisch zugänglich macht (Kap. 3.6., 4.6. und 5.6.).

2. Aspekte einer ganzheitlichen Pädagogik

„Der (...) ich-identische Mensch ist mithin die rational-emotive Persönlichkeit, bei der nach dem Prinzip der Ganzheitlichkeit ein ausbalanciertes Wechselspiel von denkenden und empfinden Anteilen zu beobachten ist."

(Kliebisch. 1995, 20)

2.1. System statt Segmentierung

„Eine Art zweite Aufklärung ist nötig. Eine Aufklärung, durch die wir auf einer neuen Bewußtseinsstufe uns selbst und unsere künstlichen Systeme endlich als untrennbare Glieder jenes großen Systems der Natur wiedererkennen können (...). Neben dem simplen Ursache-Wirkungs-Denken der Vergangenheit, das sich an getrennten Einzelphänomen orientiert, brauchen wir die Hinwendung zu einem stärkeren Denken in Mustern und dynamischen Strukturen, zu einem Verständnis komplexer Systeme und ihres Verhaltens. Ein Denken, nach dem wir auch handeln können."

(Vester, 1985, 12)

In diesem Kapitel

- ✳ erfahren Sie, welche negativen Einflüsse unser gegenwärtiger Ausbildungsbetrieb in Schule und Universität auf die Lernergebnisse der heranwachsenden Generation ausübt.
- ✳ zeigen wir Ihnen, daß Projektarbeit die systemische Sicht der Wirklichkeit in angemessener Weise repräsentiert und daher als methodisches Konzept in den Lehrbetrieb integriert werden sollte.
- ✳ lernen Sie eine Reihe von Übungen und Aufgaben kennen, die Sie darauf vorbereiten sollen, in Ihrer Ausbildungseinrichtung langfristig Projekte zu etablieren.

2.1.1. Das Problem der Segmentierung des Wissens

Schaut man sich einmal etwas genauer an, in welcher Weise Schule und Universität mit Lerninhalten umgehen, so wird einem rasch gewahr, daß Themen kaum einmal fachübergreifend behandelt werden. Eine beachtliche Zahl von Lehrern und Dozenten geht die zu vermittelnden Gegenständen lediglich aus ihrem jeweils fachspezifischen Blickwinkel heraus an und erhebt diesen dann – oftmals zweifellos mangels anderer Erfahrungen – in der Regel zur alleinigen Vermittlungsperspektive. Diese Vorgehensweise ist, vordergründig betrachtet, weder verwunderlich noch problematisch. Sie wird zum einen durch die konkret ausgebildete Fachkompetenz der Unterrichtenden nahegelegt; zum anderen lassen die auf diese Weise erzielten Lernergebnisse im kognitiven Bereich, etwa gemessen an der Tatsache, daß sich die Zahl der Studenten von 1970 bis 1990 verdreifacht hat, offenbar den Schluß zu, daß der beschrittene Weg ausgesprochen erfolgreich zu sein scheint.

Daß es sich bei dieser Einschätzung in der Tat um eine vergleichsweise vorschnelle Bewertung handelt, wird einem allerdings schnell klar, führt man sich die lernpsychologischen Konsequenzen vor Augen, die in der Praxis mit der allenthalben zu beobachtenden Segmentierung des Wissens verbunden sind. Sollen beispielsweise die Probleme der voranschreitenden Umweltzerstörung oder der zunehmenden Gefahren der Immunschwächekrankheit AIDS im Unterricht oder in einem Seminar behandelt werden, so wird sich die konkrete Umsetzung solcher Vorhaben zumeist in der Art darstellen, daß das jeweilige Thema gerade unter *einer* leitenden Fragestellung, d. h. beispielsweise aus biologischer oder aus sozialpsychologischer Sicht, in den Blick genommen wird. Die leitende Fragestellung läßt sich ihrerseits wiederum in der Regel einem *einzigen* Fachgebiet zuordnen, das sich im Letzten im Regelfall notwendigerweise als die Domäne des jeweiligen Dozenten erweist (vgl. Abb. 3 u. 4).

Das entscheidende Kriterium dafür, wie vielschichtig – multiperspektivisch – ein Thema im Vollzug eines konkreten Lernprozesses angegangen zu werden vermag, stellt mithin vielfach lediglich das Fachwissen der jeweiligen Lehrer dar. Dieses Wissen aber kann bei uns nur erworben werden im Rahmen einseitig, eben lediglich fachspezifisch ausgerichteter universitärer Ausbildungsgänge, die aufgrund ihrer Struktur fast ausschließlich segmentiertes Wissen anzubieten in der Lage sind (Kunst den Künstlern! Medizin den Medizinern!). So verwundert es nicht, daß man im allgemeinen für selbstverständlich hält, daß segmentiertes Wissen das Wissen schlechthin sei. Dieses Wissen hat man schließlich zu beherrschen, um in dieser Gesellschaft zu einigem Ansehen zu gelangen.

Abb. 3 Segmentiertes Wissen am Beispiel des Themas „Umweltzerstörung"

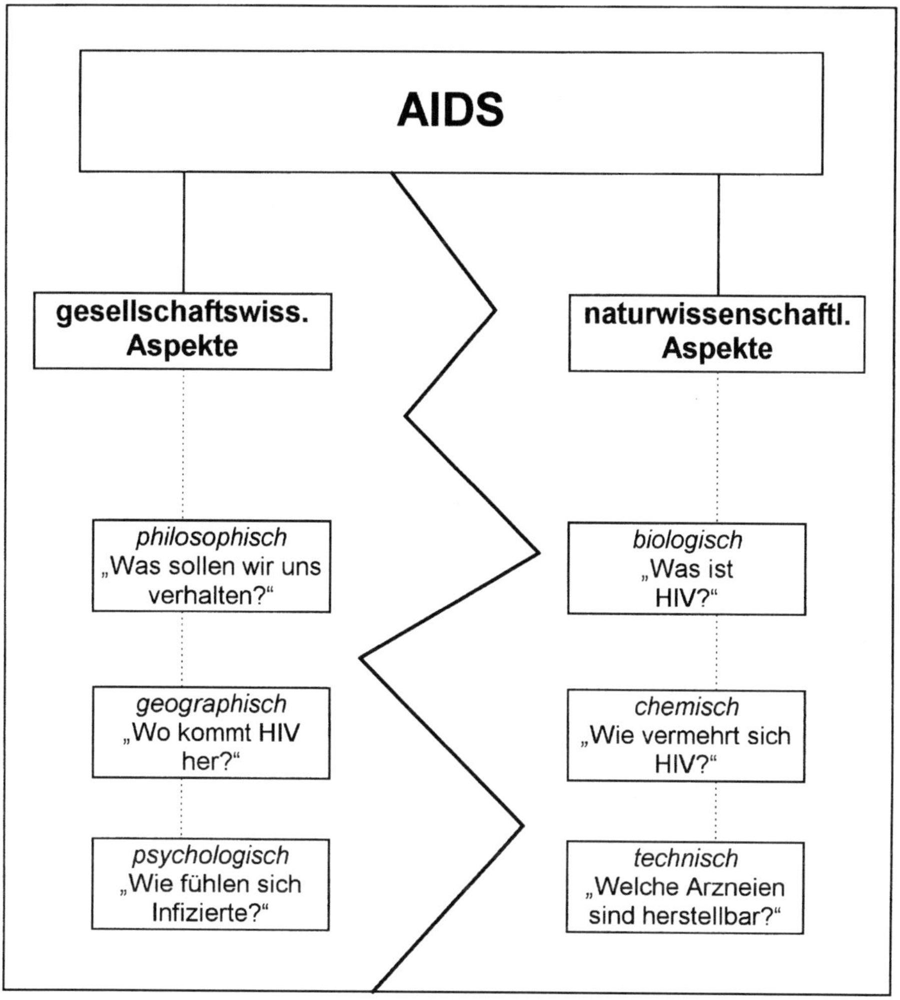

Abb. 4 Segmentiertes Wissen am Beispiel des Themas „AIDS“

Aufgrund der in unserem Land gültigen Ausbildungsordnungen gerät die konkrete Behandlung vieler Themen nicht selten zu einem Alleingang einzelner Lehrpersonen. Diese sind zwar befähigt, die anstehende Problematik aus ihrer jeweils fachspezifischen Sicht durchaus angemessen und kompetent zu betrachten und ins Gespräch zu bringen; sie sind aber in mindestens ebenso vielen Fällen letztlich aufgrund ihrer eigenen Ausbildungserfahrung darüber hinaus kaum oder nur sehr begrenzt in der Lage, den zu thematisierenden Sachkomplex aus anderen ihnen nicht oder weniger geläufigen Perspektiven anzugehen. Auf diese Weise wird verhindert, daß die Jugendlichen die tatsächlichen Vernetzungsstrukturen erkennen, wie sie in den beiden unten abgedruckten Abbildungen wenigstens zum Teil für die Themenfelder „Umweltzerstörung“ und „AIDS“ darsgestellt werden (s. Abb. 5 u. 6).

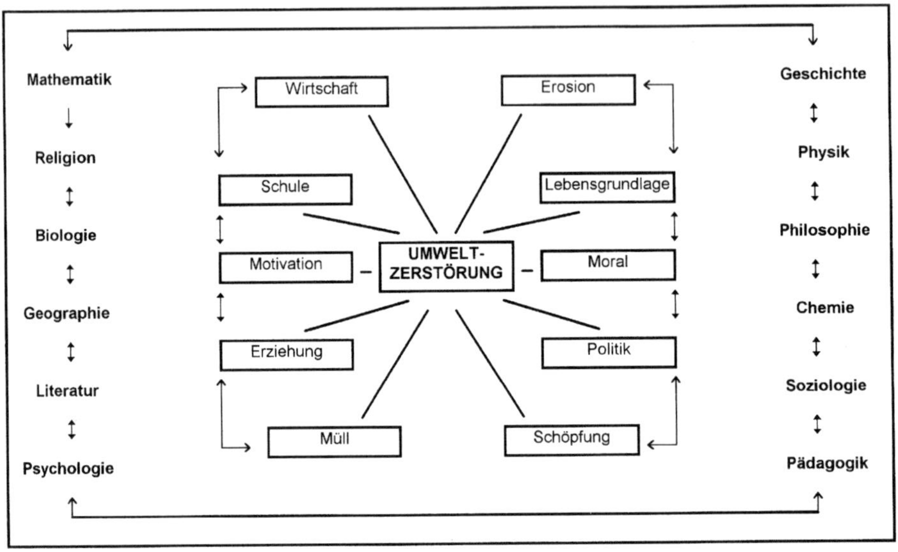

Abb. 5 Tatsächliche Vernetzung verschiedener Fachgebiete am Beispiel „Umweltzerstörung“

Für die Lernenden hat die segmentierte Darbietung des Wissensstoffs ausgesprochen ungünstige Folgen, insofern zwangsläufig Halbwahrheiten für Einsichten gehalten werden, handlungspropädeutische Maßnahmen in mancher Hinsicht kaum erfolgreich zu sein versprechen und bedauerlicherweise zudem einem Schubladendenken Vorschub geleistet wird, das sich ironischerweise im späteren Leben der Heranwachsenden als durchaus „nützlich“ erweisen wird. Zu spät nämlich wird so mancher erkennen, daß die hier angedeutete Art opportunistisch motivierten Nützlichkeitsdenkens in starkem Maße dafür verantwortlich ist, daß wir uns als Menschheit insgesamt in die Nähe einer globalen Katastrophe manövriert haben; wir haben uns in eine beinahe (?) fatal zu nennende Lage gebracht, die es für viele nach gegenwärtigem Ermessen kaum noch möglich erscheinen läßt, daß unser Planet und damit auch wir selbst als Spezies homo sapiens längerfristig würdig zu überleben vermögen (vgl. Weizsäcker, 1992; Heiland, 1992; Lovelock, 1992a u. b).

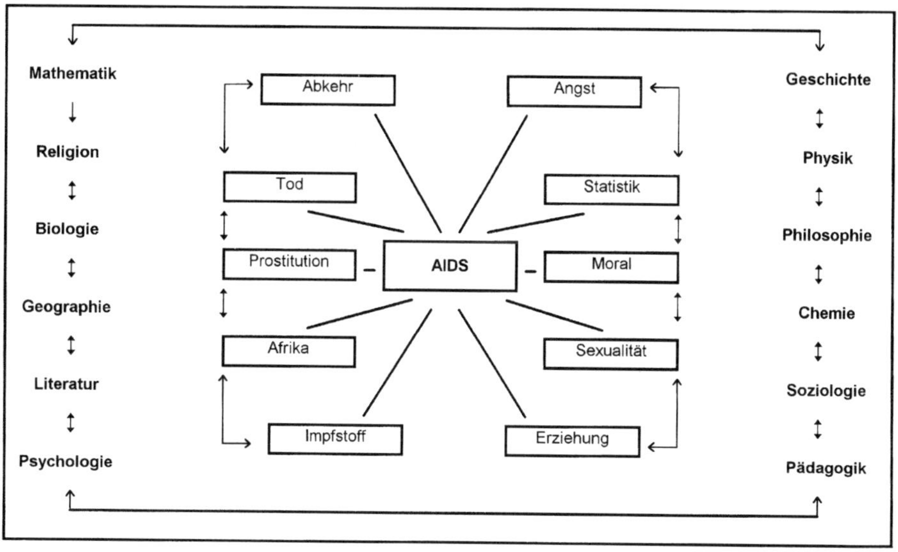

Abb. 6 Tatsächliche Vernetzungsstrukturen verschiedener Fachbereiche am Beispiel „AIDS"

2.1.2. Projektarbeit als systemisches Verständnis der Welt

Vor dem Hintergrund des bisher Gesagten hat der Biochemiker und Fachmann für Umweltfragen Frederic Vester angesichts der Realstrukturen unserer Welt schon zu Beginn der siebziger Jahre auf die Notwendigkeit sogenannten vernetzten oder kybernetischen Denkens aufmerksam gemacht. Ein solches Denken hat das Ziel, auch mit den uns heute (noch) global bewegenden Fragen angemessener umzugehen, was neuerdings auch von ernsthaften Vertretern der sogenannten New-Age-Bewegung wie etwa dem Wiener Physiker Fritjof Capra (1985) nachdrücklich betont wird.

In diesem Zusammenhang wurde von den erwähnten Autoren vor allen Dingen der Systembegriff stark in den Vordergrund gerückt. Bausteine eines Systems sind verschiedene, ursprünglich unabhängig voneinander existierende Elemente, die aber im Kontext des Systems nicht als beliebige Elemente vorliegen, sie sind vielmehr zu einer höheren Ordnung, einer Einheit verbunden, also vernetzt. Das damit entstandene Ganze stellt schon vom Grundsatz her immer etwas anderes, *mehr* dar, als es die Summe seiner Einzelteile nahelegen würde: „Systeme sind integrierte Ganzheiten, deren Eigenschaften sich nicht auf die kleineren Einheiten reduzieren lassen." (Capra, 1985, 294)

Prinzipiell unterscheidbar sind zwei Arten von Systemen: einerseits das natürlich entstandene, sich selbst erhaltende, ökologische System, das beständig in einem offenen Austausch mit der es umgebenden Umwelt steht, und andererseits das künstlich erschaffene System, das innerhalb vorgegebener Grenzen verharrt und dem

Abb. 7 Segmentierung des heutigen Schul- und Wissenschaftsbetriebs

nach als geschlossen bezeichnet wird (vgl. Vester, 1985, 15ff.). Der Mensch als lebender Organismus gehört aus dieser Perspektive – wie Tiere und Pflanzen auch! – mithin zu den offenen Systemen, die mit der Welt, in der sie leben, in steter Wechselbeziehung stehen und nur dadurch ihr Überleben zu sichern vermögen (Kliebisch / Fleskes, 1995).

Die dargestellten Zusammenhänge gelten nun aber keineswegs ausschließlich für Einzelorganismen, sie finden vielmehr ebenso ihre Entsprechung im Bereich gesellschaftlicher Systeme (Bienenstock, Ökosystem, Familie, Sippe usw.), deren jeweilige hochkomplex organisierte Ganzheit zweifellos nicht ohne weiteres linear aus der sezierenden Betrachtung von Einzelphänomen abzuleiten ist. Darüber hinaus spielt die Systemvorstellung aber nicht zuletzt eine wichtige Rolle auf dem Gebiet des menschlichen Denkens. Freilich besteht beispielsweise auf dem Sektor wissenschaftlicher Forschung nach wie vor an unseren Hochschulen das Paradoxe der Situation gerade darin, daß die einzelnen Wissenschaftsdisziplinen im konkreten Vollzug eines Forschungsvorhabens kaum miteinander kommunizieren; vielmehr findet weiterhin – analog zur Schulsituation – die erwähnte kontraproduktive Segmentierung des Wissenschaftsbetriebs in verschiedene Teildisziplinen statt; diese Teildisziplinen zerfallen ihrerseits nicht selten in zahlreiche Subgebiete, ohne daß diese dann in angemessener Form miteinander vernetzt würden (vgl. Abb. 7).

Die damit gleichsam wider alle Vernunft und besseres Wissen weiterhin durch Wissenschaft und Forschung verordnete falsche, da unvollständige und verzerrte Sicht der Wirklichkeit bedauert auch der Systemexperte Frederic Vester. Er macht dabei nachdrücklich klar, daß die Ursache für diesen defizitären Zustand „bereits in der Art unserer Ausbildung begründet" liegt. Unsere Ausbildung bemüht sich ohne Frage zwar intensiv, bisweilen sogar akribisch um Einzelphänomene, versäumt es aber im gleichen Atemzug, das Einzelne in den Zusammenhang einzuordnen, der es umgibt und zu dem es gehört, um es erst von diesem Kontext her in gewissem Sinne neu, vielleicht völlig anders zu verstehen. Denn „die Realität, in der sich alles Leben abspielt, ist jedoch nicht das, als was sie uns die Schulen und Universitäten präsentieren: ein Sammelsurium von getrennten Einzelbereichen (...), sondern diese Realität ist ein vernetztes System, in dem es oft weniger auf jene Einzelbereiche ankommt als auf die Beziehung zwischen ihnen." (Vester, 1984, 18f.)

Diese Sicht der Welt bedarf – ins Pädagogische gewendet – eines alternativen Denkens, das sich in der Lage weiß, aus den eingetretenen Pfaden einer künstlichen Zergliederung des Wissens zu einem integrierenden, systemorientierten und damit ganzheitlichen Verständnis der Wirklichkeit zu finden. Solches „Systemdenken heißt Denken in Vorgängen; Form wird mit Geschehen assoziiert, Zusammenhang mit Wechselwirkung, und Gegensätze werden durch Schwingungen vereint." (Capra, 1985, 295)

Will man den damit knapp skizzierten Weg im konkreten Erziehungsalltag von Schule und Universität zumindest ein erstes Stück weit beschreiten, so muß am Anfang das Bemühen stehen, die zu besprechenden Themen fächerübergreifender, d. h. vor allem in Form von Lernprojekten zu behandeln. Dies geschieht nach aller Erfahrung tatsächlich nur sehr selten. Erst Projektarbeit nämlich ermöglicht schon vom Ansatz her einen multifaktoriellen, ganzheitlichen Zugang zu den Gegenständen und repräsentiert auf diese Weise in angemessener Form die Realstrukturen unserer Wirklichkeit (vgl. a. Bastian u. Gudjons, 1990 und 1991).

Daß die Vorbereitung und Durchführung von Lernprojekten im Rahmen des vermeintlich wohlorganisierten Lehrbetriebs an unseren Schulen und Universitäten mit einer Reihe ernst zu nehmender Schwierigkeiten und Probleme verbunden sind, ist kaum zu bestreiten. Denn Projektarbeit überwindet bereits der Struktur nach für viele Unterrichtende die Grenzen der üblichen pädagogischen Praxis ziemlich radikal und stiftet deshalb in beachtlichem Ausmaß Unsicherheit. Das berührt manchen

Lehrer in seinem Selbstverständnis erheblich, ein Umstand, der nicht selten zu deutlich erkennbaren Widerständen bei denen Anlaß zu geben scheint, die sich der Idee von Projekten bislang – aus welchen Gründen auch immer – erfolgreich (?) haben verschließen können (vgl. a. Eichmann / Kliebisch, 1991; Kliebisch / Wach, 1994; Kliebisch, 1996).

Interessant dabei ist allerdings, daß nach unserer Erfahrung Schüler und Studenten, denen man Lernprojekte als alternative Arbeitsform anbietet, dieses Vorhaben kaum einmal rigoros ablehnen, für weniger effektiv halten als alternative Vorgehensweisen oder sich auf andere Art dazu kritisch äußern. Dies tun vielfach gerade ihre Lehrer, die oftmals in wesentlich offenerer, deutlicherer Form – zweifellos nicht zuletzt aufgrund des offensichtlich unbehaglichen Gefühls eigener Unzulänglichkeit in der Sache – immer wieder zum Teil recht fragwürdige Einwände vortragen, die begründen sollen, weshalb ein vorgesehenes Projekt doch besser nicht stattfinden sollte. Daher beschäftigen sich die Lehrenden nur selten mit der Frage, welche Realisierungsmöglichkeiten für die Durchführung von Projekten es an der jeweiligen Bildungseinrichtung tatsächlich gibt.

Das an einer solchen Schnittstelle, an der unterschiedliche Interessen vor allem von Kollegen zu Tage treten, um der Vermeidung von bisweilen überflüssigen Konflikten willen dringend erforderliche Umdenken der Beteiligten läßt sich ohne Frage aufgrund des latenten Konfliktpotentials nicht erzwingen. Das neue Denken wird sich – wenn überhaupt – nur Zug um Zug einstellen und die Situation dann – bei hinreichender Geduld der Beteiligten – allerdings nach und nach auch verändern helfen. Diese Tatsache einer notwendigen Step-by-step-Mentalität sollte freilich nicht entmutigen, sondern dazu auffordern, eben auch kleine Schritte in die beschriebene Richtung von Projektaktivitäten zu gehen, einer Arbeitsform, deren ganzheitsstiftender Sinn ohne Zweifel außer Frage steht. (vgl. Beinke, 1990).

Für den Fall allerdings, daß sich einer solchen pädagogischen Umorientierung gegenüber vor allen Dingen von seiten der Kollegen erheblicher Widerstand zu Wort meldet, sollte man als Initiator der Projektaktivitäten durchaus sensibel reagieren. Man sollte überlegen, ob es unter den gegebenen Umständen tatsächlich angezeigt ist, an diesem Punkt weiterhin auf dem eigenen Vorhaben zu insistieren. Denn vielleicht ist es zunächst angeraten, seine ganzheitlich ausgerichteten erzieherischen Bemühungen stärker auf andere und vielleicht weniger problematische Felder zu verlegen.

Das Interesse, einer noch so guten Idee, wie sie der Projektgedanke aus unserer Perspektive tatsächlich repräsentiert, mit allzu großem Nachdruck zur falschen Zeit Gehör verschaffen zu wollen, wird nämlich stets zum Scheitern verurteilt sein. Die konservativen Strukturelemente von Systemen, wie sie letztlich auch Schulen und Universitäten und die darin arbeitenden Menschen darstellen, gewähren in der Regel progressiven Vorstellungen nur unter beachtlichem Vorbehalt Raum. Anders gesagt: Es bedarf nach aller Erfahrung eines ziemlich langen Atems, um zumindest in the long run wahrnehmbare Systemveränderungen zu bewirken. Dies mag beispielsweise in pädagogischen Krisensituationen anders sein, aufgrund derer es durchaus in kürzeren Zeiträumen zu mitunter tiefgreifenden Umstrukturierungen innerhalb eines Systems kommen kann (vgl. Altner, 1987 u. 1991; Lovelock, 1992b).

Vor diesem Hintergrund kann es nur als vernünftig gelten, als Lehrender das Systemverständnis unserer Wirklichkeit nur dort in Gestalt von Projektarbeit umzusetzen und damit den Lernenden ein adäquateres Bild der Realität zu vermitteln, wo dies ohne allzu starke Reibungsverluste innerhalb der Organisation Schule oder Universität machbar erscheint. Wir werden später in den Kapiteln 3 bis 5 einige Projektaktivitäten vorstellen, die nach unserer Einschätzung auch dann durchgeführt werden können, wenn für die jeweils Unterrichtenden nur wenig organisatorischer Spielraum verbleibt. Nicht nur als Vorbereitung dieser noch folgenden praxisnahen Überlegungen, sondern auch zur selbstkritischen Reflexion Ihrer eigenen Fähigkeiten und Möglichkeiten im Hinblick auf die Etablierung von Projekten innerhalb der Bildungseinrichtung, in der Sie tätig sind, sollten Sie versuchen, sich schon an dieser Stelle eingehend mit den folgenden Übungen zu beschäftigen.

2.1.3. Übungen

Übung 1

Sprechen Sie in der nächsten Zeit einmal ausführlicher mit Ihrem Schulleiter (mit den Mitgliedern Ihrer Fakultät) über mögliche Projektaktivitäten, die Sie an Ihrer Bildungseinrichtung durchführen könnten. Laden Sie zu diesem Gespräch, wenn Sie mögen, Schüler / Studenten und/oder Kollegen ein. Überlegen Sie sich selbst dazu vorher genau, was Sie im einzelnen erreichen wollen.

Übung 2

Stellen Sie sich zu diesem Zweck vor dem geplanten Gespräch folgende Fragen, und beantworten Sie sie sich schriftlich:

1. Welches Thema kann ich für ein mögliches Projekt anbieten? Welche Rolle kann ich im Zusammenhang mit der Gestaltung eines entsprechenden Projekts selbst spielen?
2. Wer von meinen Kollegen wäre aus meiner Sicht aufgrund seiner Fachkompetenz in der Lage, Teilaspekte des von mir vorgeschlagenen Themas zu behandeln? Auf welche Weise stelle ich mir vor, diese(n) Kollegen in die Projektarbeit zu integrieren?
3. Welche Gesichtspunkte des potentiellen Projektthemas könnte ich selbst gestalten? Welche konkreten Ideen zur methodischen Umsetzung habe ich in diesem Zusammenhang?
4. Wie könnte der organisatorische Rahmen (Zeitraum, Termin, Zeitstruktur usw.) aussehen, innerhalb dessen das Projekt ablaufen soll? Wer ist aufgrund bestehender Kompetenzverteilung vorab im Hinblick auf die organisatorischen Aspekte einer solchen Veranstaltung zu befragen und um Zustimmung zu bitten?

5. Welche Schwierigkeiten werden vermutlich bei Schülern / Studenten und/oder Kollegen auftreten, wenn das Projekt in dem von mir vorgesehenen Rahmen stattfindet. Wie ist das Zustandekommen dieser potentiellen Schwierigkeiten zu erklären? Wie schätze ich die Möglichkeiten ein, mit den in diesem Kontext vorhersehbaren Schwierigkeiten fertig zu werden?
6. Welche konkreten Handlungsmöglichkeiten gibt es für mich und die anderen Beteiligten, mit den potentiellen Schwierigkeiten angemessen umzugehen? Welche der etwaigen Probleme scheinen im Augenblick (noch) unlösbar? Wie läßt sich diese Beurteilung begründen? Welche Folgerungen ergeben sich daraus für die Projektidee?
7. Wen innerhalb oder außerhalb meiner Schule / Abteilung kann bzw. sollte ich davon überzeugen, daß Projektarbeit eine sinnvolle, ganzheitliche Alternative zu den üblichen Lernmethoden darstellt? Welche Hilfe im Hinblick auf die Etablierung von Projekten kann mir daraus kurz-, mittel- und langfristig erwachsen, daß ich die entsprechenden Personen von meiner Idee überzeuge?
8. Wer könnte mich dabei konstruktiv unterstützen, diese Überzeugungsarbeit zu leisten? Was verspreche ich mir langfristig von einer solchen Strategie, und für wie erfolgversprechend halte ich sie?
9. Welche nicht zum eigenen System Schule bzw. Universität gehörenden Personen könnten sinnvoll an der Vorbereitung und/oder Durchführung des Projekts beteiligt werden? In welcher Weise und an welchen Stellen des Projekts könnten sie eingesetzt werden? Welche Probleme in Hinsicht auf die Projektarbeit könnten auf diese Weise einerseits gelöst werden? Welche Schwierigkeiten sind andererseits möglicherweise zu erwarten, wenn sogenannte Externe an der Planung und/oder Gestaltung des Projekts beteiligt werden?

Übung 3

Holen Sie bei Ihren Schülern bzw. Studenten ein differenziertes Meinungsbild darüber ein, inwieweit diese Interesse daran haben, in Projekten zu arbeiten. Stellen Sie Ihre Projektidee in diesem Zusammenhang sowohl thematisch als auch von ihrer organisatorischen Seite her ausführlich vor und versuchen Sie dann möglichst genau zu erfahren, welche Gründe die Lernenden dazu veranlassen, so zu argumentieren, wie sie es tatsächlich tun. Überlegen Sie Ihrerseits, wie Sie die Überlegungen der Jugendlichen konstruktiv mit in Ihre eigene Strategie, Projekte zu etablieren, integrieren können, etwa in der Form, daß Sie kritische Einwände aufgreifen und bei Ihren weiteren Vorbereitungen berücksichtigen.

Übung 4

Wenn die Lernenden, die Sie betreuen, Schwierigkeiten damit haben, Projektarbeit als sinnvoll zu erleben, vermitteln Sie ihnen möglichst ausführlich den Systemgedanken und zeigen Sie ihnen vor diesem Hintergrund, weshalb es so effektiv ist, in Projekten zu arbeiten. Stellen Sie anschließend Ihre Projektidee erneut zur Diskussion, und fordern Sie dabei die Jugendlichen nachdrücklich dazu auf, sich ihrerseits an der Vorbereitung und Durchführung des Projekts aktiv zu beteiligen.

Übung 5

Wenn Kollegen, mit denen Sie zu tun haben, Widerstände gegenüber Ihrer Idee entwickeln, ein Projekt durchzuführen, überdenken Sie Ihr Anliegen nochmals und versuchen Sie es dann erneut – vielleicht in anderer Weise – zur Sprache zu bringen. Vermeiden Sie auf jeden Fall überflüssige Konfrontationen, die der Sache und ihrem Ansehen allein Schaden zufügen, Sie sonst aber Ihrer Zielsetzung nicht näherbringen.

Übung 6

Beobachten Sie sich bei all Ihrem Tun selbst besonders genau und beantworten Sie sich dabei – wenn möglich mehrmals in gewissen Zeitabständen – schriftlich die folgenden Fragen:

1. Wie stehe ich selbst der Idee gegenüber, Projekte durchzuführen? Kann ich für mich selbst ein solches Vorhaben argumentativ hinreichend begründen? Welche Gedanken gehen mir dabei durch den Kopf? Welche Argumente genau sprechen dafür, welche dagegen, daß ich Projekte durchführe bzw. versuche, diese in meiner Schule /Abteilung zu etablieren?
2. Fühle ich mich einer solchen Aufgabe gewachsen, oder möchte ich lieber darauf verzichten, mich ihr zu stellen? Wie erkläre ich mir die Gefühle, die bei mir im Zusammenhang mit dem Gedanken entstehen, Projekte durchzuführen? Lassen sich diese Gefühle, insofern sie unangenehmer Art sind, aus meiner Sicht mittelfristig korrigieren? Wodurch könnte dies geschehen?
3. Wie schätze ich die Reaktionen von Schülern / Studenten und Kollegen ein, wenn ich diese mit meiner Idee konfrontieren werde? Macht mir die Vorstellung ablehnender Reaktionen Angst, oder vermag ich, damit zu leben? Wie kann ich mich selbst dazu befähigen, in diesem Kontext begegnende unangenehme Gefühle besser unter Kontrolle zu bringen und zu halten?
4. Wie bereit bin ich, auch bei beachtlichem Widerstand von seiten der Lernenden und/oder Kollegen, weiterhin meine Überzeugungsarbeit in Richtung ganzheitlicher Projektarbeit fortzusetzen? Wie schätze ich meine Erfolgsaussichten in diesem Falle ein? Welche vorausgegangenen Erfahrungen haben meine Antworten auf die beiden vorangehenden Fragen in welcher Weise beeinflußt?
5. Welche Konsequenzen ergeben sich aus der Beantwortung der Fragen 1 bis 4 für mich im Hinblick auf mein jetziges Bemühen, ein Projekt durchführen zu wollen? Formulieren Sie die Folgerungen, die Ihnen jetzt einfallen, unbedingt auf einem Blatt Papier und korrigieren bzw. ergänzen Sie sie ggf. zu späterer Zeit.

Übung 7

Noch einmal: Ziehen Sie sofort – hier und jetzt! – praktische Konsequenzen aus Ihrer Reaktion auf die Frage 5 aus Übung 6! Berücksichtigen Sie dabei die folgenden Alternativen:

a) Wenn Sie den Widerstand Ihrer Schüler bzw. Studenten und/oder den der Kollegen fürchten, treten Sie in diesem Augenblick zunächst einen Schritt zurück, d. h., nehmen Sie noch etwas Abstand von der Idee, ein Projekt organisieren zu wollen. Warten Sie mindestens so lange ab, bis Sie die folgenden beiden Abschnitte dieses Buches (2.2 u. 2.3.) gelesen haben und entscheiden Sie dann nochmals neu.

b) Wenn Sie sich selbst noch nicht sicher fühlen bei dem Gedanken, ein Projekt vorzubereiten und durchzuführen, weil Sie ihre methodischen Kompetenzen dahingehend nicht angemessen einzuschätzen vermögen, warten Sie ebenfalls ab. Nachdem Sie die Kapitel 3 und 4 dieses Beitrages gelesen haben, wird sich diese jetzt bestehende Unsicherheit – so hoffen wir – zugunsten der Überzeugung gewandelt haben, daß auch Sie relativ problemlos in der Lage sind, Projekte zu gestalten.

c) Wenn Sie bei der Beantwortung der Fragen aus der vorangegangenen Übung zu dem Schluß gekommen sind, daß bei Ihnen persönlich und ebenso in der Bildungseinrichtung, in der Sie tätig sind, günstige Voraussetzungen bestehen, mit der Projektarbeit zu beginnen oder diese über das möglicherweise schon bestehende Maß hinaus zu intensivieren, so werden Sie in den folgenden Teilen dieses Buches noch eine Reihe Sie sicher interessierender Hilfen und Anregungen finden, die Ihre Arbeit – so nehmen wir an – nicht unerheblich bereichern werden.

2.2. Rehabilitierung des Emotionalen statt Favorisierung des Rationalen

> „Dann geht uns auf, daß unsere Gemütsbewegungen, weit davon entfernt, uns den Anblick der Welt zu versperren, in ihrer Gesamtheit ganz im Gegenteil ein Organ der Wahrnehmung bilden. (...) Das Vorurteil von der rationalen Natur unseres Welterlebens sitzt so tief, daß ich noch einmal daran erinnern muß: unser Gehirn ist von der Evolution nicht dazu entwickelt worden, uns die Welt erkennen zu lassen, sondern allein zu dem Zweck, uns in dieser Welt das Überleben zu ermöglichen."
>
> (Ditfurth, 1976, 293)

In diesem Kapitel

* können Sie erfahren, welche Schwierigkeiten sich für unser Erleben der Wirklichkeit daraus ergeben, daß ein Jahrhunderte altes Vorurteil, das die Vernunft den Gefühlen überordnet, uns Menschen zur Selbstverständlichkeit geworden ist.
* werden Sie verstehen, daß vor dem Hintergrund der heute weitgehend zu beobachtenden einseitigen Favorisierung rationaler Kompetenzen eine pädagogisch inspirierte emotionale Emanzipation des Menschen not tut, um das angestrebte Erziehungsziel einer rational-emotiven Persönlichkeit nicht zu verfehlen.
* können Sie mit Hilfe einer Reihe von Übungen Ihre eigenen Gefühlswahrnehmungen testen und trainieren.

2.2.1. Das Problem der Überbewertung der Vernunft

Im allgemeinen Teil der aktuellen gültigen Richtlinien für die gymnasiale Oberstufe in Nordrhein-Westfalen werden – ähnlich wie in anderen Bundesländern – unter dem gemeinsamen Dach von Erziehung und Unterricht vor allem zwei wesentliche Lernziele herausgearbeit: zum einen wird die Aufgabe der Schule, unter unterrichtstheoretischen Aspekten betrachtet, darin gesehen, den Heranwachsenden eine „wissenschaftspropädeutische Ausbildung" zu bieten, die unter Anwendung „von Prinzipien und Formen selbständigen Arbeitens (...) in grundlegende wissenschaftliche Verfahrens- und Erkenntnisweisen" einführen soll; zum anderen wird der Erziehungsauftrag der Schule dahingehend präzisiert, den Jugendlichen „Selbstverwirklichung in solcher Verantwortung" zu ermöglichen, welche „die Bereitschaft und Fähigkeit, sich mit anderen zu verständigen" ebenso impliziert wie „die Bereitschaft und Fähigkeit, mit anderen zusammenzuarbeiten", „(...) sich mit Werten und Wertsystemen auseinanderzusetzen, zu urteilen und sich zu entscheiden." (Kultusminister, 1981, 14ff.)

Die in den Richtlinien zu beobachtende im Grundsatz erfreuliche Tendenz, Schule sowohl von ihrem Erziehungs- als auch von ihrem Unterrichtsauftrag her zu definieren, verkommt bei eingehenderer Betrachtung allerdings im wesentlichen dazu, Unterricht gleichsam als die entscheidende Voraussetzung für Erziehung zu beschreiben. Dies geschieht in dem Sinne, daß die erforderlichen Fähigkeiten der rationalen Analyse der Welt, wie sie über Unterricht vermittelt werden sollen, offenbar weitgehend die Bedingungen dafür darstellen, sich als Heranwachsender in gesellschaftliche Zusammenhänge zu integrieren und die angestrebte soziale Verantwortung überhaupt übernehmen zu können. So gesehen – zugegeben stark verkürzt formuliert – spiegelt Schule hier ein Menschenbild wider, das uns allenthalben in vielen Bereichen des alltäglichen Lebens nur allzu hinreichend bekannt ist: der vernunftorientierte Macher, der auf der einen Seite sein Tun und Lassen stets rational zu begründen weiß oder zumindest vorgibt, dies zu können, der sich aber auf der anderen Seite jedweder emotionalen Regung enthält, weil er verlernt hat, Gefühle zu zeigen, diese nicht selten ohnehin lediglich für eine Schwäche hält, die es mit allen Mitteln zu verbergen und letztlich auch zu beseitigen gilt (vgl. a. Tausch u. Tausch, 1989; Lauster, 1989a u. b; Wieck, 1988 u. 1990).

Daß die universitäre Ausbildung neben der nachteiligen Zementierung eines segmentierten Wissenserwerbs auch die beschriebene rational vermittelte Sicht der Wirklichkeit, wie sie die Schule offensichtlich alltäglich in tausenden von Unterrichtsstunden vermittelt, einseitig fortschreibt und damit in ihrer angeblichen Plausibilität rechtfertigt, können viele leidgeprüfte Studenten berichten. Die Studenten werden im Rahmen ihrer medizinischen, wirtschafts- oder gesellschaftswissenschaftlichen Lehrveranstaltungen nicht nur von der Menge der Kommilitonen an den Rand des psychisch und mitunter auch physisch Erträglichen gedrängt, sondern sie erfahren in den Seminaren kaum einmal etwas darüber, wie sie später die erworbenen Kenntnisse im konkreten Umgang mit Patienten, Arbeitnehmern oder heranwachsenden Schülern menschengerecht umsetzen sollen. So manchem bleibt, aus dieser Perspektive gesehen, daher die Welt seiner eigenen Gefühle und die der anderen weitgehend verschlossen: er hat gelernt, sich möglichst effektiv anzupassen (nur nicht auffallen!); und „die Angst, in der Schule, während des Studiums und am Arbeitsplatz nicht anerkannt zu werden", wird als groß genug erlebt, den anderen Menschen lieber in der Maske des everybody's darling zu begegnen, als etwas von seinem eigenen Inneren freizulegen und anderen anzuvertrauen und damit im Letzten auch verletzbar zu werden (vgl. Tausch u. Tausch, 1989, 19).

Man kann dem Kölner Psychologen Peter Lauster wohl uneingeschränkt zustimmen, wenn er angesichts der skizzierten Verhältnisse die Situation folgendermaßen zusammenfaßt: „Die Gefühlswelt, diese subjektive und privateste Welt, ist das unentdeckte und unerforschte Gebiet, das wirklich große und bedeutungsvolle Abenteuer des Lebens." (1989c, 201) Freilich muß eine solche Äußerung keineswegs als Ausdruck bloßen Pessimismus gedeutet werden, als resignierendes Hinnehmen eines für alle Zeit unveränderlichen status quo; vielmehr sollte man Lausters Feststellung als konstruktive Herausforderung verstehen, sich auf die vielleicht lange Suche nach sich selbst und seinem eigenen Fühlen zu machen und damit das Wagnis einzugehen, ein möglicherweise noch in vieler Hinsicht unentdecktes Land (neu) kennenzulernen.

Daß ein solcher Schritt in Richtung auf sich selbst allerdings nicht nur positive Aspekte zu zeigen verspricht, versteht sich schon deshalb von selbst, weil es schließlich nicht allein angenehme und vertraute Gefühle sein werden, auf die wir in unserem Innern stoßen werden. Daß allerdings der Weg zu sich selbst am Ende als nicht unbeachtlicher Gewinn betrachtet werden kann, steht nach allem, was Psychologen und Kommunikationstheoretiker nicht erst heute über die Bedeutung der Gefühlswelt des Menschen zu sagen wissen, wohl kaum noch ernsthaft in Frage (vgl. Kuiper, 1980; Rogers, 1987a u. b; Ellis, 1989; Bandler, 1987 u. 1991 u. v. a.).

Biologen haben demgegenüber zum Teil schon um einiges früher auf die Relevanz von Stimmungen und Gefühlen hingewiesen. Sie betonen, daß es sich bei den menschlichen Emotionen um eine aktive Wahrnehmungsleistung unseres Gehirns handelt, das uns aufgrund seines anachronistischen Schichtaufbaus – Stamm-, Klein-, Zwischen-, und Großhirn – die Welt nicht zuletzt in Stimmungen erleben läßt und sie uns im Medium der Gefühle interpretiert (vgl. u. a. Ditfurt, 1976 u. 1989).

Inwieweit in diesem Zusammenhang davon auszugehen ist, daß es sich bei den menschlichen Gefühlen um eine dem Verstand vorauslaufende Sicht der Wirklichkeit, also um eine Art Vorverständnis, handelt, ist durchaus umstritten. Psychologen der rational-emotiven Schule Ellis' beispielsweise sind der Auffassung, daß die Gefühle stets als logische Konsequenz bestimmter, zum Teil irrationaler Gedanken auftreten. Dies korrespondiert mit der naturwissenschaftlichen Vorstellung, wonach Menschen im Grundsatz in der Lage sind, alle Gefühle zu beherrschen, wenn sie dies nur intensiv genug wollen (vgl. z. B. Ellis, 1962a u. b). Die humanistischen Psychologen Rogers, Gordon und im deutschsprachigen Raum vor allem Tausch und

Tausch stellen demgegenüber mit besonderem Nachdruck eine Präferenz der Gefühle heraus, die zu er- und durchleben als wesentliche Voraussetzung für ein gesundes und glückliches Leben begriffen wird (s. u. a. Rogers, 1987 a u. b; Gordon, 1980 u. 1981).

Angesichts der in der wissenschaftlichen Diskussion mitunter also durchaus ambivalenten Einschätzung der Frage, ob nun in einer konkreten Situation die Gefühle eher begegnen als die Gedanken oder ob es sich vielleicht umgekehrt verhält, scheint der Rückgriff auf die zugegeben subjektiv gefärbte menschliche Erfahrung hilfreich. Sie nimmt im allgemeinen eine Interdependenz von Gefühlen und Gedanken an, da die Trennungslinie zwischen Rationalem und Emotionalem nicht zuletzt aufgrund ihres gemeinsamen Entstehungsortes im Gehirn nur als künstlich begriffen werden kann. Man muß mithin davon ausgehen, daß in der psychischen Realität des Menschen stets eine aufhebbare Wechselbeziehung zwischen emotionalen und rationalen Aspekten besteht, was an zahlreichen Beispielen anschaulich gemacht zu werden vermag (vgl. Kliebisch, 1995).

Vor dem Hintergrund einer solchen als plausibel anzunehmenden Wechselwirkung zwischen Gedanken und Gefühlen erweist sich die Suche nach dem Anfang eines rational-emotiven Prozesses als vergleichsweise müßig. Denn die im konkreten Kontext auftretenden Gefühle können immer als ein Produkt der zumindest gleichzeitig erlebten Gedanken gedeutet werden, so wie es möglich ist, umgekehrt die Gedanken in Abhängigkeit der wahrgenommenen Gefühle zu interpretieren. Diese Faktorenkombination nimmt ihrerseits wiederum in Form der Rückkopplung auf körperliche Abläufe Einfluß und umgekehrt, und dieser Komplex von Elementen schließlich ist wesentlich dafür verantwortlich, welche Handlungsspielräume dem Individuum in der jeweiligen Situation tatsächlich noch bleiben. Dabei handelt es sich um eine Erfahrung, die ihrerseits in diesem komplexen psycho-physischen System Gedanken, Gefühle und physiologische Prozesse nach sich zieht und auf Dauer unterhält (vgl. Abb. 8).

Unterstellt man die Interpretation psychischer Prozesse als Wechselwirkung verschiedener Faktoren in dem beschriebenen Sinne, erscheint die einseitige Betonung rationaler Kompetenzen, wie dies in unseren Schulen und Hochschulen nach wie vor unter Mißachtung beinahe jeglichen Realitätsbezugs geschieht, als besonders problematisch. Denn auf diese Weise bleibt nicht nur ein wesentlicher Faktor menschlichen Seins weitgehend unbeachtet und verkümmert daher mehr und mehr, vielmehr übt die Unterbewertung der emotionalen Fähigkeiten der Individuen, mittel- und langfristig gesehen, aufgrund einer tatsächlich gegebenen unaufhebbaren Vernetzung vernünftiger und gefühlsmäßiger Anteile in der Psyche des Menschen auch notwendig ihren negativen (!) Einfluß auf die übrigen am Erlebensprozeß beteiligten Wirkfaktoren (Gedanken, physiologische Abläufe, Handlungsmöglichkeiten) aus. So ist eine anhaltende Dissonanz in der Wahrnehmungswirklichkeit der jeweiligen Person unausweichlich vorgezeichnet.

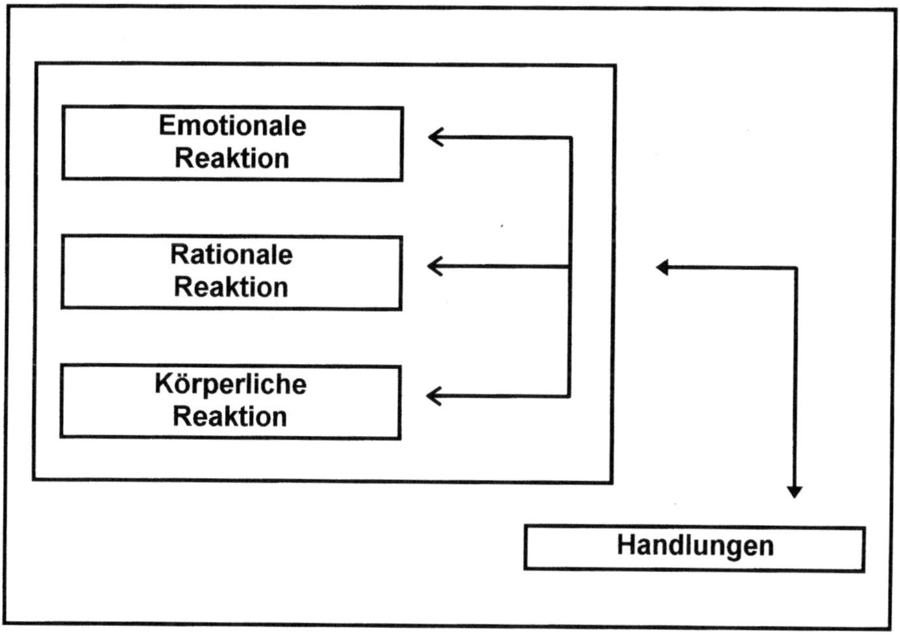

Abb. 8 Wechselwirkung verschiedener Faktoren im Rahmen psychischer Prozesse

Daß sich die damit angedeutete defizitäre Situation für die Betroffenen – und wer ist hier nicht betroffen? – nicht selten zum echten Problem ausweitet, welches sich nicht zuletzt darin artikuliert, die mit der vermeintlich notwendigen Unterdrückung oder zumindest Ausblendung der Gefühle verbundene Angst auf vielfältige Weise abwehren zu müssen, ist keineswegs unbekannt (vgl. Lauster, 1985, 29ff.). In welchem Maße allerdings die erwähnte Angst, trotz aller Mühen um Verdrängung bei sich letztlich doch auf vielleicht unerwünschte Gefühle zu stoßen oder auch nur für sentimental gehalten zu werden (Indianer weinen nicht!), die Gedankenwelt der jeweiligen Menschen wirklich beherrscht und deren Handlungsspielräume definiert, bleibt – leider! – oft allein deren trauriges Geheimnis. Um den damit charakterisierten ungünstigen Entwicklungen grundsätzlich und vor allen Dingen effektiv zu begegnen, bedarf es nach unserer Einschätzung im pädagogischen Raum eines prinzipiellen Umdenkens in Richtung auf eine bewußte Stärkung der Emotionalität im Verlaufe von Erziehungs- und Unterrichtsprozessen.

2.2.2. Emotionale Emanzipation als notwendige Lernvoraussetzung

Im vorangegangenen Abschnitt haben wir gesehen, daß neben der an früherer Stelle im Blick auf ihre nachteiligen Auswirkungen besprochenen Segmentierung des Lehr- und Lernbetriebs in zahlreiche Teildisziplinen vor allen Dingen die starke Favorisierung des Vernunftsgebrauchs und damit die einseitige Betonung rationaler

Kompetenzen beim Menschen zu einer nicht zu unterschätzenden Mangelerfahrung führt. Dieses Defizit kommt dadurch zum Ausdruck, daß aufgrund der uns als homo sapiens kennzeichnenden psycho-physischen Ganzheit bzw. Vernetzung von Denken, Fühlen und den damit assoziierten Körpererfahrungen eine Vernachlässigung auch nur einer der diese Ganzheit ausmachenden Faktoren eine beachtliche Verschiebung des Gleichgewichts innerhalb des Gesamtsystems zur Folge hat.

Ein Überwinden des damit nochmals beschriebenen problematischen Zusammenhangs ist – wie bereits erwähnt – nur darüber möglich, daß für und von jedem einzelnen am Bildungsprozeß Beteiligten – Schüler, Lehrer, Studenten, Professoren usw. – der ernst- und dauerhafte Versuch unternommen wird, ein ausgeglichene(re)s Verhältnis zwischen den eigenen rationalen und emotionalen Persönlichkeitsmerkmalen herzustellen. Dabei darf freilich die jeweils zu verhandelnde Sache, also der konkrete Lerngegenstand, nicht aus dem Blick verloren werden. Das heißt: „Es muß darum gehen, die angesprochene Ganzheitlichkeit des Menschen aufzuzeigen und sie im Unterricht miteinzubauen, um sie damit als Idee weiterzutransportieren." (Eichmann / Kliebisch, 1991, 165) Erlangte Ganzheitlichkeit bei möglichst allen gewährleistet dann eben auch deren soziales Engagement. Dieses wiederum impliziert gerade durch die damit gewonnene Möglichkeit, seine eigene Emotionalität intensiv und frei zu erleben, ebenso selbstverständlich die Fähigkeit, den anderen Menschen in dessen Gefühlen wahrzunehmen und zu verstehen, also eine heute weitgehend vermißte soziale Sensibilität zu entwickeln und zu vertiefen (vgl. Tausch / Tausch, 1989).

Die damit angedeutete Rehabilitierung des Emotionalen als eines wichtigen Bestandteils jedes Lernprozesses allein wird freilich kaum in der Lage sein, die angestrebte Veränderung zu einer rational-emotiven Persönlichkeit zu bewirken. Hier bedarf es zusätzlich des Postulats einer grundlegenden emotionalen Emanzipation, welche in der Regel weder auf seiten der Jugendlichen noch auf der ihrer Lehrer fraglos vorausgesetzt werden kann. Freilich darf man dabei nicht übersehen, daß das Gelingen des emanzipatorischen Strebens nach Ganzheitlichkeit bei den Heranwachsenden unabdingbar verknüpft ist mit einer Modifikation der Verhaltensmuster der sie Unterrichtenden in dieselbe Richtung. „Lehrer müssen sich in Frage stellen lassen. Das ist vielleicht die wichtigste Forderung. Sie müssen," wie Bönsch hervorhebt, „ihren Anspruch aufgeben, als Amtsautorität selbstverständlich alle relevanten Entscheidungen treffen zu wollen" (1978, 51), ein Vorgehen, das letztlich auf durchaus subtile Weise dazu beiträgt, daß sie ihre eigenen berechtigten Wünsche nach Achtung und Anerkennung, also ihre emotionalen Bedürfnisse, gleichsam mit aller und dennoch gleichzeitig gegen alle Vernunft und nicht selten mit allen zu Gebote stehenden Mitteln zu verbergen suchen.

Das Bemühen, seine Gefühle für sich zu behalten, da sie angeblich schlechte Ratgeber sind oder als persönliche Schwäche interpretiert werden, ist nicht nur bei zahlreichen Lehrern intensiv ausgeprägt. Es ist sicherlich in ähnlichem Ausmaß auch bei den ihnen anvertrauten Jugendlichen anzutreffen, die schließlich zu einem entsprechenden – eben angepaßten – Verhalten sozialisiert wurden und werden. Daß Heranwachsende nicht nur in ihrem Schulalltag, sondern ebenso im Rahmen ihrer beruflichen Ausbildung ihre nicht selten auch unangenehmen Emotionen – wie Erfahrung von Langeweile oder die Angst vor Klassenarbeiten, Klausuren oder Prüfungen und den damit verbundenen Benotungen – weitgehend für sich behalten, ist allgemein unstrittig. Ähnlich bekannt ist das dieses Verhalten begründende Motiv, welches sich in einem beinahe ungebrochenen Streben nach immer besseren – natürlich rational definierten – Leistungen artikuliert (vgl. Tausch / Tausch, 1989). Der mit dieser Struktur oftmals einhergehende psychische Druck wird von vielen Heranwachsenden als ausgesprochen stark und belastend empfunden. Dabei können die negativen Folgen für die Erlebnisfähigkeit des Einzelnen und für seine Kooperationsbereitschaft in der Gemeinschaft kaum jemals überschätzt werden.

Will man den beschriebenen Mechanismen entgehen und dem Ziel einer emotionalen Emanzipation in der Praxis konkreter Lehr- und Lernprozesse Zug um Zug näherkommen, so braucht man dafür nicht zuletzt adäquate methodische Verfahren. Abgesehen davon, daß sicherlich nicht jedes Thema in gleicher Weise geeignet ist, neben der rationalen Dimension auch die subjektive Befindlichkeit der am Arbeitsprozeß Beteiligten anzusprechen, so läßt sich doch an vielen Sachgegenständen eine beachtliche Integration vernunft- und gefühlsorientierter Elemente verwirklichen (vgl. Eichmann / Kliebisch, 1991).

Um dabei vor allen Dingen der gewünschten emotionalen Emanzipation gerecht zu werden, muß man die Teilaspekte des gewählten Themas gerade im Rahmen von Projekten insbesondere in ihrer Komplexität und Vernetzung einerseits rational darstellen, wodurch sie – nicht zuletzt im Hinblick auf ihre möglichen Auswirkungen hin – gleichzeitig andererseits auch emotional antizipierbar gemacht werden müßten. D. h., der einzelne Jugendliche und/oder Lehrer müssen sich instandgesetzt fühlen, die mit dem Thema assoziierbaren emotionalen Inhalte im Akt einer geistigen Simulation gleichsam raum-zeitlich emphatisch vorwegzunehmen und dergestalt insbesondere die emotionalen Konsequenzen, die sich aus der Thematik ableiten lassen, schon jetzt und damit vor aller persönlichen Erfahrung dennoch als wirklich zu empfinden (vgl. Abb. 9).

Die beschriebene Simulationserfahrung, vorausgesetzt sie wird methodisch-didaktisch angemessen vorbereitet und dadurch vergleichweise intensiv erlebbar, gewährleistet nach unserer Einschätzung vielfach ehrliche und ernst zu nehmende Betroffenheit; diese stellt ihrerseits wiederum eine entscheidende Voraussetzung dafür dar, die rational vermittelten Informationen im Bewußtsein des Einzelnen zu Handlungsdispositionen reifen zu lassen, die in der konkreten Alltagspraxis mit hoher Wahrscheinlichkeit zu sachangemessenem, eben rational-emotivem Verhalten führen werden (s. a. Abb. 9).

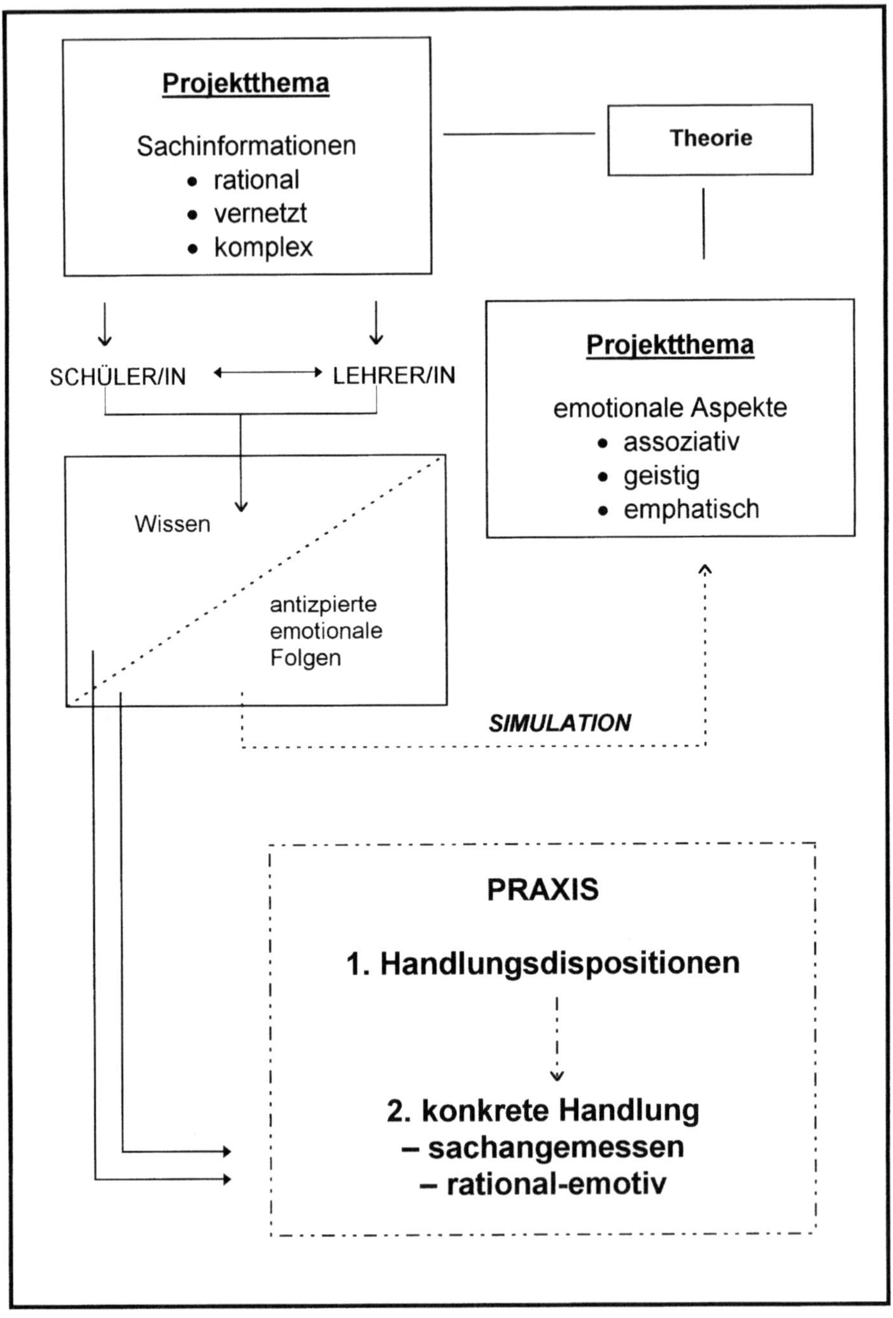

Abb. 9 Der Prozeß der emotionalen Antizipation durch Simulation

Hat man also die Absicht, ganzheitlich ausgerichtete Pädagogik zu betreiben, wird vor diesem Hintergrund in besonderer Weise relavant, darauf zu achten, daß man den Heranwachsenden möglichst oft die Gelegenheit bietet, gerade diese besprochene Simulationserfahrung auch tatsächlich zu machen. Dazu bedarf es zweifellos gewisser kreativ-intuitiver Angebote auf der methodischen Seite, die geeignet sind, die Sachseite des jeweiligen Lerngegenstands im Sinne eines rational-emotiven Zugangs zum Thema konstruktiv zu ergänzen sowie zu verstärken (vgl. zum Ganzen beispielhaft Kliebisch / Wach 1994; Kliebisch, 1996; Kliebisch / Fleskes, 1995).

Vor diesem Hintergrund, aber auch im Sinne einer Vorbereitung der in den Kapiteln 3 bis 5 vorgestellten ganzheitlichen gestalteten Projekte kann es für Sie sinnvoll sein, sich bereits an dieser Stelle unserer Überlegungen möglichst ausführlich mit der Bearbeitung der folgenden Übungen zu beschäftigen.

2.2.3. Übungen

Übung 8

Bemühen Sie sich darum herauszufinden, wie stark Ihre eigenen Gefühle im Vergleich zu Ihrer Vernunft tatsächlich entwickelt sind, und beantworten Sie sich – möglichst schriftlich – zu diesem Zweck die nachstehenden Fragen:

1. Wenn Sie einen Schüler/Studenten sehen, der weint, empfinden Sie dann Mitleid oder ist Ihnen diese Situation eher peinlich? Wie erklären Sie sich Ihre Reaktion? Möchten Sie anders reagieren, als Sie es tatsächlich tun? Warum?
2. Wann haben Sie selbst das letzte Mal für andere Menschen sichtbar geweint, als Sie sich wirklich traurig gefühlt haben? Wie haben Sie diese Situation in Erinnerung – als Befreiung, als Unannehmlichkeit? Falls Ihnen keine entsprechende Situation einfällt, überlegen Sie, woran es Ihrer Meinung nach liegt, daß Sie offensichtlich sehr selten in Gegenwart anderer weinen.
3. Würden Sie im Rahmen Ihres pädagogischen Auftrags Wert darauf legen, den Heranwachsenden zu vermitteln, daß das Zeigen von Gefühlen wie Lachen, Weinen usw. zwischen Menschen eine Selbstverständlichkeit sein sollte oder würden Sie hier eher eingeschränkter reagieren? Wie erklären Sie sich Ihre Meinung zu diesem Problem? Beziehen Sie in Ihre Überlegungen auch ihre Antworten auf die Fragen zu 1 und 2 mit ein.
4. Wenn Sie Lehrer an einer Schule sind, fragen Sie sich, wie Sie ihren Erziehungsauftrag genau im Blick auf die Gefühlswelt der Ihnen anvertrauten Schülerinnen und Schüler beschreiben würden. Bemühen Sie sich darum herauszufinden, woraus sich Ihr Erziehungsverständnis in diesem Zusammenhang speist und wie es mit Ihrer eigenen Einstellung zu Gefühlen zusammenhängt.
5. Für den Fall, daß Sie als Hochschuldozent tätig sind, überlegen Sie, ob Sie überhaupt einen Erziehungsauftrag haben. Abhängig von Ihrer Antwort auf diese Frage, sollten Sie darüber nachdenken, in welcher Weise Sie bereit wären, Ein-

fluß auf die Gefühlserfahrungen Ihrer Studentinnen und Studenten zu nehmen. Versuchen Sie auch hier, Ihre Antwort ausführlich zu begründen und für sich selbst zu klären, inwieweit Ihre Meinung von Ihrem ganz persönlichem Umgang mit Gefühlen beeinflußt ist.

6. Überprüfen Sie, in welchem Maße Sie sich selbst in der Lage fühlen, Ihre persönlichen Stimmungen anderen Menschen – zum Beispiel in Form eines Feedback – mitzuteilen und ob die Ausprägung dieser Fähigkeit etwas zu tun hat mit ihren Antworten auf die Fragen 4 bzw. 5.
7. Definieren Sie für sich selbst, was genau jemand Ihrer Meinung nach im Umgang mit seinen eigenen Gefühlen beherzigen sollte. Begründen Sie ihre Auffassung wiederum möglichst ausführlich und überlegen Sie dann erneut, ob Ihre hier getroffenen Aussagen im Zusammenhang stehen mit den Antworten, die Sie auf die Fragen 4 bzw. 5 gegeben haben.
8. Stellen Sie fest, ob und in welchem Maße Sie nach den vorangegangenen Überlegungen bereit wären, den im Rahmen der Fragen 4 bzw. 5 formulierten status quo zu verändern. Überlegen Sie dabei, welche Bedingungen für Sie erfüllt sein müßten, einen solchen Schritt zu gehen, und ob die von Ihnen definierten Voraussetzungen in Ihrer Bildungseinrichtung tatsächlich realisiert werden können. Definieren Sie für den Fall, daß Sie eine Korrektur Ihrer bisherigen Einstellung zu Gefühlen vornehmen möchten, genau, welches Ziel Sie in dieser Hinsicht mit welchen Mitteln erreichen wollen.

Übung 9

Überprüfen Sie anhand der folgenden Entspannungsübung, was Sie mit der Kraft positiver Gefühle sowie bestimmten Körpererfahrungen anfangen können. Bemühen Sie sich auch hier darum, Ihre Beurteilung möglichst präzise vorzunehmen, wobei Sie allerdings Wert darauf legen sollten, die nachstehende Übung mehrfach an verschiedenen Tagen und zu unterschiedlichen Zeiten durchzuführen, bevor Sie zu einer endgültigen Bewertung kommen:

Legen Sie sich bequem mit dem Rücken auf den Boden und schließen Sie die Augen. Achten Sie für ungefähr eine halbe Minute auf Ihre Atmung; bemühen Sie sich darum, etwa fünf Sekunden lang einzuatmen, die Luft kurz anzuhalten und danach etwa sieben Sekunden lang auszuatmen. Spannen Sie anschließend für ungefähr sieben bis zehn Sekunden gleichzeitig alle Muskeln Ihres Körpers an und entspannen Sie sie dann schlagartig. Wiederholen Sie dies noch zwei- bis fünfmal.

Stellen Sie sich dann eine für Sie angenehme Naturszene vor wie beispielsweise den Blick aufs offene Meer an einem sonnigen Strand oder einen bunten Blätterwald im Herbst. Versuchen Sie, sich intensiv auf die Situation einzustellen und sich dabei vollkommen zu entspannen. Wenn Ihre Gedanken wandern, lenken Sie sie behutsam auf das ursprünglich ausgewählte Bild zurück. Beobachten Sie dabei, ob und ggf. wie sich Ihre Befindlichkeit während dieser Vorstellungssequenz verändert.

Nehmen Sie zum Schluß die Übung zurück, indem Sie ein-, zweimal tief einatmen, die Arme mehrfach kräftig beugen und strecken und anschließend die Augen wieder öffnen.

Übung 10

Überlegen Sie, wie Sie in Zukunft anderen Menschen gegenüber Ihre eigenen Gefühle besser und intensiver zum Ausdruck bringen könnten. Machen Sie sich zu diesem Zweck eine Liste möglicher Situationen und Vorgehensweisen und entscheiden Sie, wann Sie das veränderte Verhalten zum erstenmal in die Praxis umsetzen wollen. Fragen Sie sich dabei immer wieder, ob Sie eine solche Korrektur überhaupt für sinnvoll halten, und begründen Sie ihre Einstellung.

Übung 11

Machen Sie sich Gedanken darüber, wie es Ihnen möglich werden könnte, mehr über die emotionalen Erlebnisse der Ihnen anvertrauten Jugendlichen zu erfahren, soweit dies den gemeinsamen Lehr- und Lernprozeß zu befördern vermag. Erarbeiten Sie sich auch hierzu eine Liste methodischer Möglichkeiten und bestimmen Sie dann, wann und bei welcher Gelegenheit Sie von diesen Überlegungen das erste Mal in der Praxis Gebrauch machen wollen.

Übung 12

Fragen Sie sich, welche Themen aus Ihrer Sicht geeignet sind, im Rahmen eines Projekts gerade die emotionale Emanzipation der Beteiligten deutlich weiterzuentwikkeln, und stellen Sie fest, ob die Behandlung dieser Themen auch in Ihren Aufgabenbereich fällt. Erstellen Sie eine Liste der potentiell brauchbaren Themen und benennen Sie exakt den Anteil, den Sie jeweils selbst zur Bearbeitung dieser Themen beitragen könnten.

Übung 13

Diskutieren Sie – vielleicht im Gespräch mit Kollegen und/oder Schülern bzw. Studenten, welche methodischen Verfahren erforderlich wären, um die angestrebte rational-emotive Vorwegnahme der gefühlsmäßigen Konsequenzen der jeweils zu behandelnden Themen zu gewährleisten. Schauen Sie nach, ob geeignetes Bild- oder Filmmaterial hilfreich sein könnte, das Ziel zu erreichen, oder ob etwa Rollen-, Plan- oder Interaktionsspiele für diesen Zusammenhang nützliche Möglichkeiten der inhaltlichen Umsetzung darstellen.

Übung 14

Rechnen Sie bei Ihren Bemühungen stets mit denkbaren Widerständen derer, die Sie mit Ihren Ideen konfrontieren. Abwehrmechanismen haben durchaus vielfältige Gestalt, auch die der rationalen Argumentation. Lassen Sie sich nur begrenzt von den etwa vorgetragenen Einwänden beeindrucken; bleiben sie, wo immer möglich, dabei, Ihr Ziel konsequent zu verfolgen, nicht zuletzt dadurch, daß Sie den Widerständen gerade auch auf der emotionalen Ebene angemessen begegnen. (Feedback)

Wenn Sie allerdings feststellen, daß sich der Widerstand, den Sie mit Ihren Bemühungen evozieren, als eine Mauer darstellt, die zu überspringen Ihnen unter den jeweils gegebenen Umständen nicht möglich erscheint, sollten Sie überlegen, ob es sich lohnt, an der entsprechenden Stelle weiterzuarbeiten. Vermutlich werden Sie bei genauerem Zusehen durchaus in der Lage sein, eine geeignetere und vor allen Dingen weniger belastete Situation abzuwarten, in der Sie ihre Überzeugungen wahrscheinlich wirkungsvoller durchzusetzen vermögen.

> Also: Seien und bleiben Sie aktiv, doch verschleißen Sie Ihre Energie nicht an der falschen Stelle.

2.3. Interaktion statt Linearität

„Der Mensch ist eine psycho-biologische Einheit. Er ist auch Teil des Universums. Er ist darum autonom und interdependent. Autonomie (Eigenständigkeit) wächst mit dem Bewußtsein der Interdependenz (Allverbundenheit). Menschliche Erfahrung, Verhalten und Kommunikation unterliegen interaktionellen und universellen Gesetzen. (...) Das Bewußtsein unserer universellen Interdependenz ist die Grundlage humaner Verantwortung."

(Cohn, 1991 a, 120; im Original z. T. kursiv)

In diesem Kapitel

* erfahren Sie, weshalb das althergebrachte, geisteswissenschaftliche Modell pädagogischer Linearität aus heutiger Sicht überholt ist und in seiner Einseitigkeit weitgehend negative Auswirkungen hat.
* erläutern wir, daß ein Erziehungskonzept, welches die tatsächlichen Interaktionen der am Lernprozeß beteiligten Individuen angemessen berücksichtigt, die pädagogische Praxis adäquater abbildet und damit letztlich auch verbessernd über gegenwärtige Strukturen erzieherischen Handelns hinausverhilft.
* bieten wir wiederum eine Reihe von Übungen und Aufgaben an, mit deren Hilfe Sie sich in die Lage versetzen können, Ihre eigenen Unterrichts- und Erziehungsvorstellungen kritisch zu überprüfen und unter Umständen auch zu verändern.

2.3.1. Das Problem der eindimensionalen Erziehung

In den beiden vorangegangenen Kapiteln sind zwei Faktoren in ihrer besonderen Bedeutung für den Lehr- und Lernprozeß herausgearbeitet worden: Zum einen vollzieht sich die Wissensvermittlung effektiver und damit ganzheitlicher, wenn den Jugendlichen die Informationen nicht segmentiert, sondern vielmehr in einem systemischen Zusammenhang angeboten werden. Auf diese Weise wird – gerade unter Nutzung geeigneter Methoden, wie sie etwa die Projektarbeit darstellt – eine Vielzahl von Einordnungsmöglichkeiten und Assoziationspunkten geschaffen, die das Einprägen, Zuordnen und Behalten des neuen Stoffes und dabei vor allem der Beziehungen seiner Elemente untereinander erheblich zu erleichtern vermag.

Zum anderen muß die heute nach wie vor übliche Überbetonung rationaler Kompetenzen als Maßstab qualifizierter Leistung zugunsten einer emotionalen Emanzipation überwunden werden. Dabei ist das Ziel, letztlich ein ausgeglichene(re)s Verhältnis der vernünftigen und gefühlsmäßigen Anteile im Menschen herzustellen. Die damit angestrebte, nicht zuletzt anthropologische Umorientierung ist freilich aufs engste verknüpft mit einer Umwertung auch der Relevanz von Gefühlen überhaupt und damit zweifellos nur in the long run und ansatzweise zu erreichen; denn erst „wenn wir dahin kommen, Gefühl nicht als Nebensache, sondern als wesentlich im eigentlichen Sinn des Wortes anzusehen, dann lernen wir begreifen, daß es wichtig ist für uns alle, Gefühle äußern zu dürfen und zu können." (Molcho, 1988, 55; 1983, 49ff.)

In diesem Kapitel nun wird es darum gehen, nochmals auf grundlegende Strukturen des Erziehungsprozesses einzugehen. Hierbei wird zunächst gezeigt, in welchem Maße Pädagogik auch heute noch einem Modell linearer Vermittlung von Inhalten verhaftet ist, welches sich bei genauerem Zusehen nicht nur als inadäquater Ausdruck des tatsächlichen pädagogischen Geschehens, sondern auch als unangemessene Repräsentation unserer Wirklichkeit überhaupt erweist.

Das hier angedeutete Konzept der Linearität verdankt sich in erster Linie der geisteswissenschaftlichen Pädagogik, die ihre Hochzeit zu Beginn des zwanzigsten Jahrhunderts erlebt hat. Im Rückgriff auf Schleiermacher und Dilthey (vgl. Ballauf / Schaller, 1973) stellt die geisteswissenschaftliche Pädagogik vor allen Dingen die Frage nach dem sogenannten pädagogischen Bezug, den H. Nohl als die Vorstellung eines „eigentümlichen Verhältnisses" zwischer Erzieher und Heranwachsendem begriffen und alsbald in die erziehungswissenschaftliche Debatte eingeführt hat (Nohl, 1949, 152).

Die Beziehung, die sich im Rahmen der Erziehung zwischen Lehrern und Schülern, Eltern und ihren Kindern usw. konstituiert, wird von Nohl wie folgt präzisiert: „Die pädagogische Wirkung geht (...) immer nur von einem ursprünglichen Selbst (= dem Lehrer, K./S.) aus (...), wie sie auch auf einen wirklichen Menschen (= den Schüler, K./S.) gerichtet ist." (1963, 132)

Das sich hinter solchen und ähnlichen Formulierungen verbergende pädagogische Grundverständnis zeigt sich als das angesprochene Modell linearer Erziehung, dem auch Nohl sich grundsätzlich verpflichtet weiß. Lineare Erziehung heißt: ein Erzieher (Eltern, Lehrer usw.) auf der einen Seite tritt einem Kind, einem Heranwachsenden auf der anderen Seite in der Form gegenüber, daß der Jugendliche vom Erzieher einseitig, eben linear gebildet wird. Solche Bildung folgt dabei vielfach weder nach ihrer eigenen gesellschaftlichen Legitimation noch danach, ob der Schüler / Student etc. die Bildungsinhalte überhaupt für sich selbst als relevant wahrnimmt. Das damit in seinen Umrissen knapp skizzierte Erziehungsverständnis läßt sich graphisch etwa folgendermaßen abbilden (s. Abb. 10).

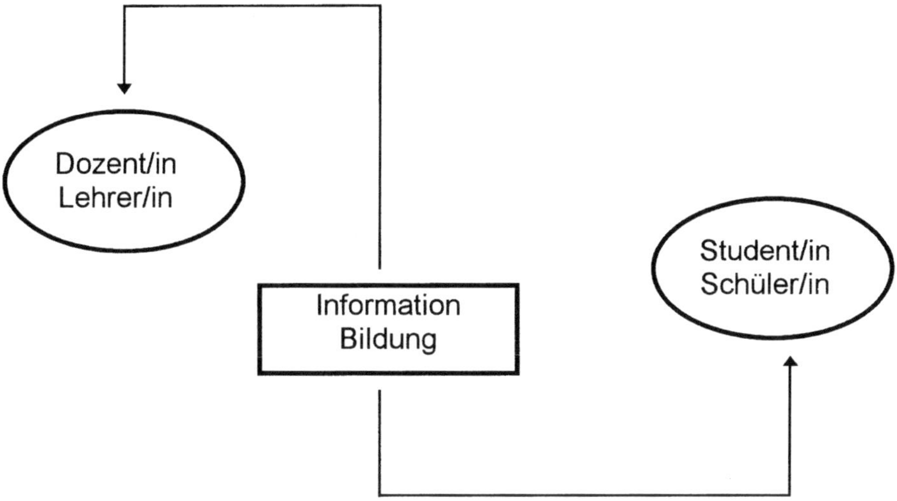

Abb. 10 Das lineare Erziehungsmodell

Die in Abbildung 10 dargestellte Lehrer-Schüler-Beziehung ist durchaus vergleichbar mit dem klassischen Modell des Behaviorismus und dessen anthropologischen Grundannahmen, wie sie etwa Watson (1913 u. 1916) und Skinner (1973 u. 1974) bereits zu Anfang dieses Jahrhunderts entwickelt haben. Vor dem Hindergrund dieses Konzepts wird der Lernprozeß zu einem weitgehend technisch verfügbaren und dabei letztlich entmenschlichten Vorgang, der seinerseits im wesentlich auf die Produktion rationaler Kompetenz ausgerichtet ist. Resultat eines solchen Vorgehens ist am Ende ein weitgehend lehrerzentriert und vergleichsweise direktiv-autokratisch gestaltetes Lerngeschehen, das durchaus nachteilige Wirkungen auf die kognitiven, sozialen und gefühlsmäßigen Artikulationen von Lehrern und Heranwachsenden gleichermaßen sowie deren Beziehung untereinander ausübt (vgl. Tausch / Tausch, 1979).

Die hier im Hinblick auf das Erziehungsverständnis von der pädagogischen Bewegung des frühen zwanzigsten Jahrhunderts her auf uns ausgezeichnete Linie läßt sich auch an anderen Stellen der geisteswissenschaftlichen Pädagogik ansetzen. Der die Kulturphilosophie aufgreifende Richard Meister beispielsweise beschreibt in einer „Normdefinition" Erziehung als „die planmäßige Führung, die die erwachsene Generation der heranwachsenden bei der Auseinandersetzung mit der überkommenen Kultur angedeihen läßt", wobei „die Rolle der erwachsenen Generation (...) als Leitung oder Führung dieses Auseinandersetzungsprozesses" begriffen wird (1946, 22f.).

Der damit postulierte einseitige Führungs- und Vermittlungsanspruch der Erzieher gegenüber den Kindern und Jugendlichen ist freilich schon von Zeitgenossen Meisters nicht unwidersprochen geblieben. So sieht etwa Paul Natrop, Neukatianer, den Charakter der Bildung nicht nur in mechanischer, äußerer Lenkung, sondern durchaus als „Selbsttätigkeit (Spontaneität), als Entwicklung von innen her" (1964, 12). Das hier bereits deutlich spürbare Unbehagen gegenüber purem Dirigismus und einer damit verbundenen Verfügbarkeit des Heranwachsenden findet schließlich eine erste konstruktive Ausgestaltung in den in dieser Hinsicht progressiven Konzeptionen der maßgeblichen Repräsentanten der reformpädagogischen Bewegung wie Otto, Gaudig, Kerschensteiner, Petersen oder Montessori (vgl. u. a. Knoop / Schwab, 1981, 160ff.).

Alle zuletzt genannten Autoren bemühen sich darum, einer bisweilen nahezu uneingeschränkten erzieherischen Vereinnahmung der Kinder und Jugendlichen seitens der Erwachsenen mit Nachdruck entgegenzutreten. Sie nehmen dabei die Bedürfnisse der Heranwachsenden ernst und fördern auf diese Weise deren Emanzipation den Erziehern gegenüber auf grundlegende Weise.

Maria Montessori zum Beispiel beschreibt zu diesem Zweck eindringlich die Folgen, die sich aus einer rigide-direktiven Erziehungspraxis ergeben können: „Eine strenge, drohende Stimme fordert das Kind auf hereinzukommen, wobei man alle zusammen als böse Geschöpfe betrachtet, die Strafe verdient hätten: 'Weh euch, ihr bösen Seelen ...' Und wohin wird das Kind gehen? Es geht dahin, wo es der haben will, der befiehlt und gebietet." (1980, 302; vgl. a. Montessori, 1984, 85ff.) Kaum zu weit dürfte es aus dieser Perspektive gehen, wenn man die hier aufgezeigten Konsequenzen eines autoritären Verhaltens der Erzieher mit den Elementen jener „Schwarzen Pädagogik" in Zusammenhang zu bringen versucht, wie sie von Alice Miller schon vor längerer Zeit in beeindruckender Weise unter anderem am Beispiel Adolf Hitlers dokumentiert worden ist (vgl. 1980, 169ff.).

Es muß also – nach wie vor! – darum gehen, eine Ablösung des beschriebenen überkommenen, linearen Erziehungsverständnisses zu fordern, und dies schon deshalb, weil es der tatsächlichen systemischen Strukturen der täglich stattfindenden Lehr-Lernprozesse kaum gerecht wird. Um eine Neuorientierung des pädagogischen Geschehens in diese Richtung zu ermöglichen, bedarf es somit im Sinne einer Verabschiedung des Motiven des Behaviorismus entlehnten linearen Erziehungsmodells nochmals einer genaueren Beschäftigung mit den Strukturen jener komplexen Abläufe, welche die Erziehungsprozesse in Wirklichkeit repräsentieren.

2.3.2. Personale Interaktion als pädagogisches Strukturmodell

Will man ein dem heutigen Erziehungsverständnis adäquates pädagogisches Konzept entwerfen, muß man zu allererst Abstand nehmen von der Vorstellung, der Lernprozeß finde individualisiert zwischen einem Lehrer (Dozenten) und einem Schüler (Studenten) gleichsam im luftleeren Raum statt. Fernerhin kann auch die Annahme keine Gültigkeit behalten, wonach der Erziehungsvorgang als linearer Ablauf gedacht wird, bei dem nur der Erwachsene lehrt und die Aufgabe des Jugendlichen allein in der Rezeption des angebotenen Stoffes besteht. In Wahrheit handelt es sich bei der Informationsvermittlung, sei es aus unterrichtender oder erzieherischer Perspektive, grundsätzlich um einen hochkomplexen, systemischen Vorgang. Genauer: Es handelt sich um eine Interaktion von mindestens zwei, in der Regel aber aufgrund der Klassen- oder Seminarsituation von beträchtlich mehr Personen, eine Interaktion, die im Rahmen gesamtgesellschaftlicher Vereinbarungen, wie sie sich zum Beispiel in historischen und bildungspolitischen Maßgaben ausdrücken, ihren vergleichsweise festen Platz einnimmt. Der jeweils konkret zu transportierende Inhalt, der Lerngegenstand, ist hierbei in der Regel insofern sekundärer Natur, als er sich bei genauerem Zusehen als austauschbar erweist und im wesentlichen lediglich das Medium darstellt, innerhalb dessen sich die Interaktionen der lehrenden wie lernenden Individuen vollziehen (vgl. Abb. 11).

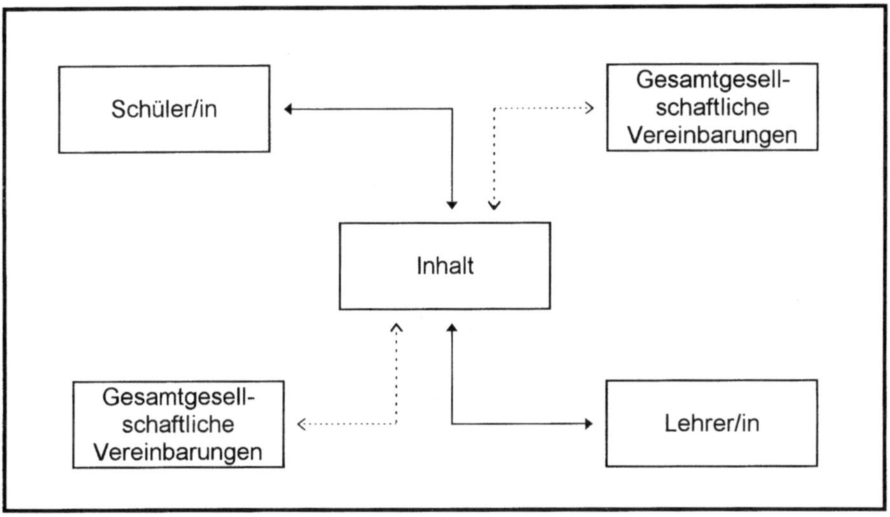

Abb. 11 Interaktionistische Erziehungsmodell

Vor diesem Hintergrund erscheint allerdings nicht jeder interaktionsorientierte pädagogische Ansatz in gleicher Weise geeignet, die tatsächlichen Verhältnisse, die im Vollzug konkreter Wissensvermittlung begegnen, angemessen zu beschreiben. So wird etwa beim symbolischen Interaktionismus zu einseitig auf die Verhaltensebene abgestellt (vgl. Dewey, 1974a u. b) oder bei kommunikativen Didaktiken im Gefolge sozialwissenschaftlicher Reflexionen die rationale und vor allem gesellschaftliche Dimension des Menschen bis hin zu dessen Entindividualisierung angesichts eines spezifischen Systemverständnisses kritisch in den Mittelpunkt gerückt und dabei überbetont (vgl. Schaller, 1979a; Oelkers, 1987).

Ähnlich problematisch ist es, wenn angesichts eines ausgesprochen optimistischen Menschenbildes wie etwa bei den humanistischen Psychologen trotz einer zweifellos notwendigen emotionalen Emanzipation bisweilen allzu starkes Gewicht auf die Seite der Gefühle gelegt wird, ohne deren mitunter auch negative Qualität im einzelnen zu bedenken und zu würdigen (vgl. Rogers, 1979a, b u. 1984 sowie z. B. Wagner, 1978). Selbst das von Ruth C. Cohn entwickelte Modell themenzentrierter Interaktion bleibt insofern hinter den wirklichen Strukturen pädagogischer Arbeit zurück, als hier die inhaltliche Komponente des Erziehungsprozesses in unangemessener Weise mit der personalen auf derselben Stufe angesiedelt wird (vgl. Cohn, 1991b).

Die von uns schon an früherer Stelle entfaltete Pädagogik der personalen Interaktion – kurz: PÄPSI – versucht demgegenüber, den hier nur knapp angedeuteten Ungleichgewichten in den jeweiligen Ansätzen konstruktiv zu begegnen. PÄPSI schlägt ein ganzheitliches Konzept vor, bei dem die menschlichen Interaktionen auf drei voneinander unterscheidbaren, aber dennoch äußerst intim miteinander vernetzten Ebene betrachtet werden müssen; hier sind im einzelnen zu nennen (vgl. Kliebisch, 1981):

1. *die Ebene der sozialen Interaktion*, die stets historisch vermittelt ist und dem Einzelnen im wesentlichen zum Auffinden sozialer Indentität im Rahmen von Gruppenprozessen dient;
2. *die Ebene der rationalen Interaktion*, welche sich in erster Linie in kommunikativer Argumentation artikuliert und dabei insofern emanzipatorisch fungiert, als sie auf die notwendige – wenngleich in der konkreten Erziehungspraxis zweifellos schwierige – Vorwegnahme weitgehend herrschaftsfreier Diskurse im Rahmen von Erziehungsprozessen verweist und dann schließlich
3. *die Ebene der emotionalen Interaktion*, die nach einer im vorangegangenen Kapitel postulierten Rehabilitierung des Emotionalen und entsprechender Emanzipation auch auf diesem Gebiet im Einklang mit der rationalen Interaktion personale Identität verbürgt.

Die in der konkreten Vermittlungssituation – Unterricht und/oder Erziehung – jeweils zur Verhandlung stehende Sache, also der Lerninhalt, repräsentiert bei dieser Betrachtungsweise ein vergleichsweise sekundäres Mittel, das zwar die Interaktionen mit unterhält und von daher strukturell keineswegs bedeutungslos ist, aber ebenso durch andere in dem entsprechenden Zusammenhang möglicherweise angemessenere Stoffe ohne weiteres ersetzt werden kann und sollte, wenn dies eine Beförderung der Interaktionsprozesse zu gewährleisten hilft (vgl. Abb. 12; s. a. zum Ganzen ausführlich Kliebisch, 1981; Eichmann / Kliebisch, 1991; Kliebisch / Wach, 1994).

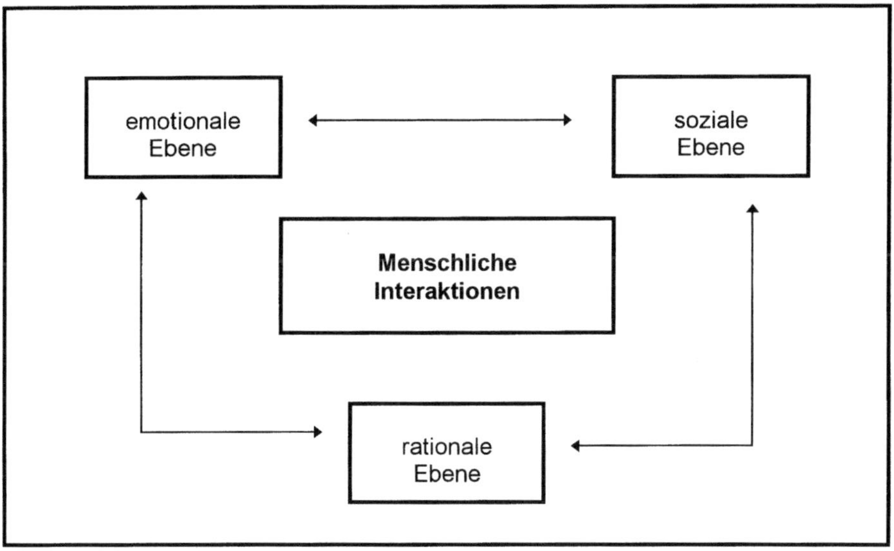

Abb. 12 Die Interaktionsebenen nach PÄPSI

Stellt man die skizzierten realen Interaktionsgegebenheiten, wie sie in konkreten Lern- und Erziehungsvorgängen zum Tragen kommen, in der beschriebenen Form in Rechnung, impliziert diese Sicht zugleich eine radikale Öffnung des Unterrichts- bzw. Seminargeschehens im Sinne einer stärkeren Mitbeteilung der Schüler oder Studenten an der Planung, Durchführung und Auswertung der jweiligen Vermittlungsprozesse. Im Rahmen von Projektarbeit wird eine solche Mitarbeit der Lernenden allenthalben als üblich angesehen. Dieses schüler- bzw. studentenzentrierte Vorgehen wird von seiten der Leitung stets darum bemüht sein, die erfahrungshermeneutische Kompetenz der Heranwachsenden zu erhöhen und parallel dazu die steuernde Einflußnahme der Erwachsenen mehr und mehr zu reduzieren und auf begleitende Hilfen und Anregungen zu beschränken, was etwa in der von Carl R. Rogers (vgl. 1979 a und b) entwickelten Vorstellung des Lehrers als „facilitator“ anschaulich zum Ausdruck kommt.

In dem Maße, in dem es die Lehrenden vermögen, das Lernen in der charakterisierten Weise den Kindern und Jugendlichen selbst zu überlassen, wird solches Lernen von den Heranwachsenden auch als primärmotiviert und im originären Verständnis des Wortes als relevant erlebt. Denn ein solches Lernen spricht die Menschen ganzheitlich an, macht sie betroffen und es trägt auf diesem Wege dazu bei, neue, alternative Handlungsmöglichkeiten wahrzunehmen und zu erproben.

Rogers, der in diesem Zusammenhang von signifikantem oder auch selbstinitiiertem Lernen spricht (s. 1979 a, 128 f. u. ö.), geht davon aus, daß alle Menschen ein solches, wie er es nennt, „natürliches Potential zum Lernen“ besitzen, das vorzugsweise in der intensiv ausgeprägten Neugier seinen Ausdruck finde, mit der wir alle als Kinder dieser Welt und ihren Phähomenen begegnen (vgl. 1979b, 156). Der Umstand, daß sich Jugendliche in unterrichtlichen Zusammenhängen in Schule und Universität häufig gerade nicht als neugierig, aufgeschlossen und in der Sache engagiert erweisen, stellt aus dieser Perspektive das (vorläufige?) Ergebnis eines bedauerlichen Degenerationsprozesses dar. Die Defizite zeigen sich in erster Linie in segmentierten, emotions-feindlichen und linearen Vermittlungsstrategien; das wiederum bedeutet – aus ganzheitlicher Perspektive betrachtet – für die Schüler und Studenten nicht nur unerwünschte intellektuelle Abhängigkeit, sondern führt oft nicht bei den Betroffenen eben auch zu Passivität, mitunter sogar zu Apathie und Depressionen.

Selbst für den keineswegs als gegeben vorauszusetzenden Fall, daß die Heranwachsenden an den ihnen jeweils angebotenen Stoffen durchaus vom Grundsatz her interessiert sind, ist ihre Motivationsbereitschaft dennoch in aller Regel stark herabgesetzt. Dies geschieht schon dadurch, daß eine innere, emotional begründete Beteiligung am Vermittlungsgeschehen kaum noch aufkommen kann, weil für den Jugendlichen die Beziehung zu der Lehrperson weitgehend allein über die Sache, d. h. den Lernstoff definiert ist. Diese Funktionalisierung wird aus der Sicht der Unterrichtenden durchaus vielfach positiv eingeschätzt, da so die aus ihrer Perspektive zum Zwecke effektiver pädagogischer Arbeit gebotene Distanz zu den Heranwachsenden ohne erkennbare Probleme gewahrt werden kann.

Inwieweit es sich bei dieser Beschreibung vielleicht mehr um eine Strategie handelt, die mit einer möglichen Nähe zu Schülern und Studenten sich unter Umständen mangels entsprechender Erfahrung einstellende Angst abzuwehren, eben die Angst, für derartige Beziehungen sozial nicht hinreichend kompetent zu sein, als daß sich in solchen Äußerungen ein wirklich ernsthaftes erzieherisches Bemühen artikuliert, bleibt im einzelnen nur schwer zu klären. Allerdings „ein Lehrer, der aus diesem reduzierten Erwartungsrahmen herausfällt, der persönliche oder inhaltliche Identifikationen ermöglicht, kann sich mit hochintensiver Nähe und Beziehungsangeboten geradezu eingedeckt wiederfinden!“ (Ziehe / Stubenrauch, 1982, 165)

Dieser Umstand mag bereits durch bloße geistige Simulation als gewisse Belastung und nicht zu unterschätzende Schwierigkeit empfunden werden, so daß eine in dieser Richtung erfolgende Abschottung der Lehrenden fraglos verständlich, wenngleich durchaus nicht wünschenswert erscheint. Richtig ist, daß sich ein Lehrer oder Hochschuldozent, der sich auf die tatsächlichen Interaktionsabläufe einläßt, die er ja weitgehend selbst im Rahmen seines Unterrichts oder seiner Vorlesungen und Seminare initiiert, sehr bald als in diesem Sinne ganzheitlich arbeitender Erwachsener von den ihm anvertrauten Jugendlichen in einem Maß in die Verantwortung genommen fühlen wird, das er kaum hat ahnen können und das auszuhalten und vor allen Dingen konstruktiv zu nutzen sicherlich einige Zeit des Durchhaltens und der Übung bedarf.

Vor dem Hintergrund des bisher Gesagten können Sie nun mit Hilfe der folgenden Aufgaben und Übungen als Unterrichtender selbst testen, ob und inwieweit Sie sich bereits in der Lage sehen und fühlen, den hier vertretenen interaktionsorientierten, ganzheitlichen pädagogischen Ansatz, wie ihn die Pädagogik der personalen Interaktion vorstellt, auch für sich selbst und die Ihnen anvertrauten Kinder und Jugendlichen innerhalb ihrer Bildungseinrichtung in die konkrete Erziehungspraxis umzusetzen.

2.3.3. Übungen

Übung 15

Reflektieren Sie Ihre eigenen pädagogischen Bemühungen und beantworten Sie sich dabei die folgenden Fragen:

1. Wie sehe ich meine eigene Rollen, wie die meiner Schüler bzw. meiner Studenten im Rahmen des Lernprozesses? Wie begründe ich meine Einstellung?
2. Welchen Anteil an Planung, Durchführung und Auswertung meiner Veranstaltungen haben meine Schüler bzw. Studenten? Wie begründe ich dieses Verhältnis? Wünsche ich mir, daß sich die Situation in diesem Punkt verändert? Warum?
3. Wie lehrer- bzw. schüler-(studenten-)zentriert unterrichte ich? Woran kann ich dies erkennen? Möchte ich meinen Lehrstil verändern? Wie könnte ich dies erreichen?
4. Welche Gedanken gehen mir durch den Kopf, wenn ich mir vorstelle, die Jugendlichen stärker an der Gestaltung des Lernprozesses teilhaben zu lassen? Wie erkläre ich mir diese Gedanken? Für wie berechtigt halte ich diese Gedanken?
5. Wie fühle ich mich, wenn ich zu empfinden versuche, was meine Schüler bzw. Studenten dazu sagen würden, wenn sie stärker als bisher an der Gestaltung des Vermittlungsgeschehens beteiligt werden sollten? Wie angenehm bzw. unangenehm sind mir diese Gefühle? Wie lassen sich diese Gefühle erklären? Wie berechtigt sind die Gefühle?
6. Welche objektiven Schwierigkeiten gibt es, die mich derzeit daran hindern, die Schüler bzw. Studenten mehr in die Lernprozesse zu integrieren, als es tatsächlich geschieht? Wodurch kommen diese Schwierigkeiten zustande? In welchem Maße bin ich selbst am Zustandekommen der festgestellten Probleme beteiligt? Möchte ich diese Probleme lösen? Wie könnte dies allgemein geschehen?
7. Welche konkreten Möglichkeiten stehen mir zur Verfügung, die beschriebenen objektiven Probleme anzugehen und zumindest mittelfristig in ihren negativen Auswirkungen zu begrenzen? Wann könnte ich genau welche Maßnahme ergreifen, um den Schwierigkeiten wirkungsvoll zu begegnen? Welche Aussichten auf Erfolg hätte ich dabei? Warum?
8. Wer könnte mir bei der Bewältigung der unter 6. formulierten Probleme helfen? In welcher Form könnte(n) mich die betreffende(n) Person(en) unterstützen? Was erwarte ich vom Eingreifen dieser Person(en)? Wie erfolgversprechend ist das Ganze?

Übung 16

Nehmen Sie einen Kollegen mit in Ihren Unterricht bzw. eines Ihrer Seminare. Bitten Sie den Kollegen, ein Verlaufsprotokoll der Veranstaltung anzufertigen, aus dem die tatsächlichen Schüler / Studenten-Lehrer / Dozenten-Interaktionen klar hervorgehen sollten. Werten Sie das Protokoll anschließend zusammen mit Ihrem Kollegen aus und überlegen Sie vor diesem Hintergrund zunächst ganz allgemein, ob Sie in Zukunft schüler- bzw. studentenzentrierter vorgehen sollten.

Übung 17

Versuchen Sie selbst, zur weiteren Klärung ihres pädagogischen Vorgehens – unter Umständen aus der Erinnerung – ein Interaktionsprofil ihres Lehrerverhaltens bzw. ein Soziogramm hinsichtlich der Mitglieder Ihrer Lerngruppe zu erstellen. Sie können selbstverständlich auch einen Kollegen bitten, dies für Sie zu tun. Beurteilen Sie anschließend anhand der Aufzeichnungen, wie stark Sie auf Schüler bzw. Studenten eingehen, wie linear der Vermittlungsprozeß abläuft, aber auch inwieweit emotionale Anteile in die den Lernvorgang kennzeichnenden Rahmenbedingungen miteinfließen.

Übung 18

Entwickeln Sie abhängig von Ihren Beobachtungen im Rahmen der vorangegangenen Übungen für sich selbst – möglicherweise mit Hilfestellung von Kollegen – einen Katalog aus Ihrer Sicht geeigneter organisatorischer Maßnahmen und Methoden, die Ihnen dabei helfen können, ihren eigenen Rede- und Interaktionsanteil während Ihrer Lehrveranstaltungen (noch stärker) zu reduzieren und damit den Jugendlichen größere Möglichkeiten zu verschaffen, primärmotivierter zu lernen, als sie dies bislang tun.

Übung 19

Führen Sie mit den Ihnen anvertrauten Jugendlichen ein metakommunikatives Gespräch (Feedback!), in dem Sie versuchen sollten herauszufinden, wie die Heranwachsenden Ihren Lehrstil erleben. Achten Sie dabei besonders auf kritische Äußerungen der Schüler bzw. Studenten, Äußerungen, die sich sowohl auf die rationale (uninteressantes Thema, schwieriger Inhalt usf.) als auch auf die emotionale Dimension des Unterrichtsprozesses (langweilig, macht keinen Spaß, problematische Gruppenstruktur o. ä.) beziehen und dazu beitragen können, Ihnen einen angemessene(re)n Eindruck davon zu vermitteln, wie Ihre pädagogischen Bemühungen in der jeweiligen Gruppe aufgenommen werden.

Überlegen Sie anschließend nochmals im Sinne der Übung 18, welche Maßnahmen Sie in Zukunft anwenden könnten, um Ihre erzieherischen Aktivitäten auch in deren Wirkung auf die Heranwachsenden weiter zu verbessern. Stellen Sie – schriftlich! – einen Katalog solcher Maßnahmen auf und fragen Sie sich, welche der Elemente Sie ab wann in welcher Lerngruppe konkret in die Praxis umsetzen wollen und können.

Übung 20

Insofern Sie im Zusammenhang mit der Rückmeldung durch einen Kollegen oder seitens der Schüler bzw. Studenten auf Probleme gestoßen sein sollten, die Ihnen ziemlich deutlich zeigen, daß Sie einen erheblichen Teil des Interaktionsgeschehens in Ihrem Unterricht bzw. in Ihren Seminaren bisher nur unvollkommen eingeschätzt haben, so sollte Sie dies nicht verwundern; denn dies erlebt beinahe jeder so, der sich einmal ernsthaft einer Supervision unterzieht (vgl. u. a. Neuschäfer, 1992).

Allerdings sollten Sie den Fall damit nicht auf sich beruhen lassen, sondern vielmehr überlegen, welche methodisch-didaktischen Konsequenzen Sie aus der – wahrscheinlich auch aus Ihrer Sicht – problematischen Situation ziehen wollen. Fragen Sie sich in diesem Kontext nicht zuletzt, ob Projektarbeit und mehr Emotionalität im Unterrichtsprozeß Sie dabei unterstützen könnten, mit den Schwierigkeiten besser fertig zu werden. Wenn Sie sich in dieser Beziehung nicht sicher sind oder werden, beschäftigen Sie sich gegebenenfalls noch einmal ausführlich mit den Übungen in den Kapiteln 2.1.3. und 2.2.3. und entscheiden Sie anschließend, wie Sie sich in Zukunft verhalten wollen.

Übung 21

Wenn Sie meinen, daß Ihnen bei der Bearbeitung der vorangegangenen Übungen nicht hinreichend viele oder nicht die richtigen organisatorischen und methodischen Einfälle zur Verbesserung Ihres pädagogischen Tuns gekommen sein sollten, überprüfen Sie einmal anhand der folgenden Liste von Fragen, welche der dort genannten Vorgehensweisen Sie im Rahmen Ihrer unterrichtlichen und erzieherischen Arbeit sinnvoll nutzen könnten. Wichtig ist in jedem Falle zu beurteilen, welche Maßnahme sich in welcher Lernsituation für welche Gruppe eignet und ab wann Sie die entsprechende Veränderung vornehmen wollen bzw. können.

1. Habe ich meine Schüler / Studenten mit der Idee vertraut gemacht, daß sich die Arbeit in Zukunft anders gestalten soll?
2. Wissen die Schüler / Studenten, was die geplanten Veränderungen für sie persönlich bedeuten werden?
3. Was halte ich von einem Gespräch mit der Lerngruppe über die Frage: „Sollen wir in Zukunft versuchen, unsere gemeinsame Arbeitsweise zu verändern?“
4. Welche Möglichkeiten bieten sich in meinen Lerngruppen an, intensiver Projekt, Partner- oder Kleingruppenarbeit, Rollen-, Plan- oder Interaktionsspiele, Konzentrations- oder Entspannungsübungen o. ä. einzusetzen (s. ggf. zunächst Heimlich, 1988; Vopel, 1988; Gudjons, 1990)?
5. Wie kann ich die Schüler / Studenten von der Effektivität der unter 4 erwähnten Methoden überzeugen?
6. Auf welche Weise kann ich meine Schüler / Studenten besser an der inhaltlichen und methodischen Gestaltung der Lehrveranstaltung beteiligen?

7. Habe ich schon einmal daran gedacht, für meine Lehrveranstaltungen einen besser geeigneten Raum zu nutzen oder die Tischordnung in Richtung auf einen Kreis oder ein Hufeisen hin zu verändern?
8. Wie steht es mit der Möglichkeit, meinen eigenen Redeanteil in Zukunft ganz bewußt zu verringern, auch auf die Gefahr hin, daß dabei Pausen im Unterrichtsgespräch oder vielleicht häufiger als bisher fehlerhafte Äußerungen der Schüler / Studenten auftreten könnten?
9. In welchem Umfang ist es im Rahmen meiner Lehrveranstaltungen möglich, sinnvoll und mir selbst angenehm, daß Schüler / Studenten Funktionen übernehmen, die im Regelfall oder oftmals nur der Lehrer / Dozent ausübt (z. B. das Referieren wichtiger Lerninhalte, Einbringen von Themenvorschläge, Überlegungen zum methodischen Vorgehen, Planung und Auswertung von Seminar- / Unterrichtsreihen, Leitung von Diskussionen, Übernahme des Tafelanschriebs, Herstellung von Folien oder anderen Materialien, Bestimmung und Stellen von Hausaufgaben, Vornehmen der Leistungsbewertung usw.)?

3. Erstes Projektbeispiel: Thema „Gewalt“

„Ich habe zuviel Haß gesehen, als daß ich selber hassen möchte. (...) Aber wir werden niemals Frieden in der Welt haben, bevor die Menschen überall anerkennen, daß Mittel und Zweck nicht voneinander zu trennen sind; denn die Mittel verkörpern das Ideal im Werden, das Ziel im Entstehen, und schließlich kann man gute Zwecke nicht durch böse Mittel erreichen, weil die Mittel den Samen und der Zweck den Baum darstellen.“

(King, 1969, 107)

In diesem Kapitel

* stellen wir Ihnen zwei für unterschiedliche Altersstufen geeignete Projekte zum Thema „Gewalt“ vor.
* geben wir Ihnen als Leiter im Rahmen des Projekt-check-up Hilfen dafür zu entscheiden, wie Sie eine entsprechende Veranstaltung planen und durchführen sollten.
* erhalten Sie am Ende ein Verzeichnis aller für unsere Projektvorschläge benutzten Quellen und Medien sowie Literaturhinweise zum Thema „Gewalt“, die in erster Linie für die Hand des Unterrichtenden bestimmt sind.

3.1. Thematische Einführung: Gewalt an Schulen

Gewalt erfahren wir alle täglich beinahe als selbstverständliches Mittel der Selbstbehauptung; daß dabei nicht allein physische Gewalt zur Anwendung gebracht wird, stellt in diesem Zusammenhang möglicherweise ein besonderes Problem dar. Die Allgegenwart von Gewalt ist Kindern und jungen Erwachsenen in der Regel zweifellos bewußt, und zwar nicht nur dadurch, daß sie mitunter selbst zu Hause und im Verlaufe ihrer schulischen, beruflichen oder studentischen Ausbildung in gewaltsame, manchmal durchaus handgreifliche Auseinandersetzungen verstrickt werden, in denen sie die in vielen Fällen zumindest auf den ersten Blick scheinbar erfolgversprechende Wirkung von Gewalt bisweilen nur allzu deutlich an Leib und Seele zu spüren bekommen, sondern auch durch den Umstand, daß vor allem die elektronischen Medien uns heute geradezu pausenlos reale und fiktive Gewaltszenarien im wahrsten Sinne des Wortes vor Augen führen und uns damit mehr und mehr einem bedenklichen Abstumpfungsprozeß anheim fallen lassen, der uns zumindest langfristig ein Maß an sozialer Unsensibilität erreichen läßt, das dem menschlichen Bedürfnis nach Nähe und Zuwendung vollkommen zuwiderläuft (siehe Kap. 3.6 Literatur zum Thema u. Abb. 13).

Besonders an Schulen steigt das Gewaltpotential, was zur Folge hat, daß sich gerade auch die Schule des Themas annehmen muß: So stellt fortdauernde Konfrontation der Heranwachsenden mit Gewalt in allen nur denkbaren Schattierungen eine besonders günstige Voraussetzung dafür dar, dieses Thema ausführlicher im Rahmen eines Projektes zu behandeln: Die Jugendlichen erhalten hier – je nach Alter – die Möglichkeit, nicht nur konkret im Sinne ihrer eigenen Informationserweiterung und mithin rational etwa nach anthropologisch-pädagogischen, soziologischen oder biologischen Ursachen von Gewalt zu fragen oder deren ethische Ligitimation philosophisch zu reflektieren, sondern erhalten auch die Chance, sich mit Hilfe eigener Erfahrung oder über die Identifikation mit geeigneten historischen bzw. literarischen Vorbildern durch das Phänomen Gewalt gefühlsmäßig betroffen zu machen und somit nicht zuletzt im Akt der emotionalen Antizipation einen ganzheitlichen Zugang zu der Thematik zu gewinnen.

Gewalt ist bei Kindern und Jugendlichen „in". Gewaltvideos gelten als geil. Das Fernsehprogramm zeigt pro Woche ca. 500 Morde. Ständiger Reiz macht süchtig. Körperverletzung, Diebstahl und Sachbeschädigung nehmen an Schulen immer mehr zu.

Die Hemmschwellen scheinen immer niedriger zu werden. In vielen Schulen gilt das Faustrecht. Geschlagen wird oft nur grundlos, einfach mal so.

Die elektronischen Gewalthelden werden zu Vorbildern. Die Bande wird zur Ersatzfamilie, in der man sich stark fühlt.

Die Tendenz zur Gewalt an Schulen sei nur leicht steigend, heißt es oftmals von offizieller Seite in der Polizeistatistik. Zugenommen haben aber in den vergangenen Jahren Aggressions- und Gewalthandlungen. Auch das Mitführen von Waffen hat beängstigend zugenommen. Experten schätzen, daß heute jeder fünfte männliche Schüler eine Waffe trägt.

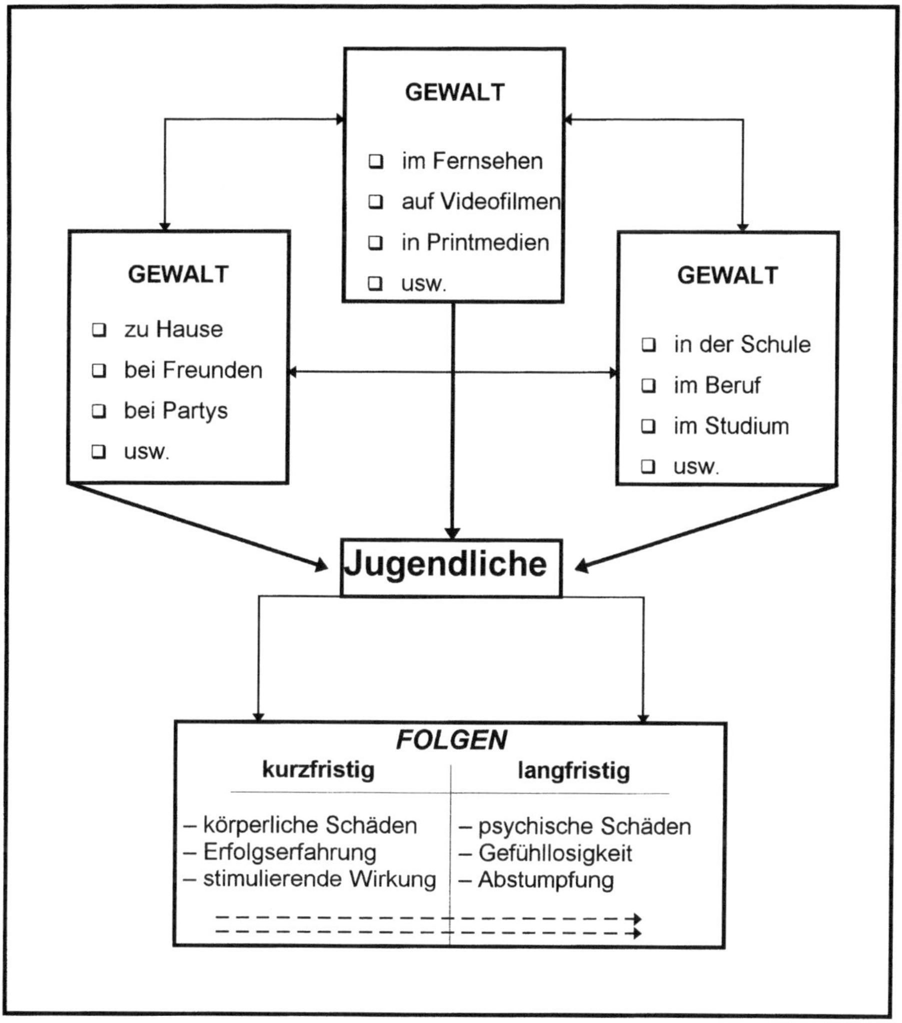

Abb. 13 Das Gewalt-System

Drei Tendenzen lassen sich beschreiben:

1) Die Gewalt nimmt qualitativ und quantitativ zu.
2) Die Täter werden immer jünger.
3) Die Tabuzonen ändern sich, brutaler, härter, rücksichtsloser.

In den Schulklassen herrscht vielfach eine Ich-Sucht vor, weil Jugendliche keinen Zugang zu ihren Stärken, zu ihren konstruktiven Möglichkeiten haben, was für die Gesellschaft bedeutet, daß dies in höchstem Maße gefährlich wird.

Die Zahl der motorisch und emotional gestörten Kinder ist so extrem gestiegen, daß oftmals ein sinnvoller Unterricht kaum möglich ist. So fühlen sich die Lehrer vom aggressiven Verhalten ihrer Schüler überfordert.

Für viele Familien ist die schweigende Gemeinschaft vor dem Fernsehen eine Möglichkeit, Problemen zu entkommen, Konflikten aus dem Weg zu gehen. Zu viele Eltern haben kein Interesse, nach der Last und den Sorgen und Nöten ihrer Kinder zu fragen, deshalb können sich immer weniger Heranwachsende mitteilen, verbal auseinandersetzen. Dies könnte ein Grund für die Orientierungs- und Zügellosigkeit vieler Jugendlicher sein. Für Kinder entsteht häufig eine elektronische Scheinwelt, indem sie von ihren eigenen Wahrnehmungen und Gefühlen entfremdet werden.

Hinter Gewalttätigkeit bei Schülern steckt nicht selten eigene seelische Not. Kinder werden geschlagen, mißhandelt, sexuell mißbraucht. Dies geschieht oft in der eigenen Familie. Alkohol, Tabletten und Drogen verstärken dann noch die Gewaltbereitschaft.

Wer von Gewalt an Schulen spricht, darf nicht die Gewalt vergessen, die Kinder gegen sich selbst richten. Jeden Tag versuchen Schüler, sich das Leben zu nehmen, einige von ihnen schaffen es auch.

Auch wenn Schülergewalt heute stärker, intensiver und häufiger geworden ist, sie ist diffus fast ziellos, sie ist ein Hilfeschrei. Aggressionen wenden sich wahllos gegen Mitschüler, Lehrer und Gegenstände oder gegen den Unterricht an sich.

Wer Gewalt an Schulen analysiert, muß auch den Belastungen nachgehen, denen Kinder aus der Umwelt heute ausgesetzt sind. Schüler leiden an Krankheiten wie Allergien, Asthma, Krebs. 15 % der Jugendlichen zeigen Störungen der Wahrnehmung, der Leistung oder im sozialen Verhalten. Ein Drittel der Schüler schluckt mindestens einmal pro Woche Medikamente.

Wir leben heute in einer Wettbewerbsgesellschaft und die Schule ist der Inbegriff von Wettbewerb. Hier wird man gegeneinander gehetzt, hier muß man zeigen, was man kann, und am Schluß wird man bewertet und beurteilt. Genau in diesem Bereich liegt das Gewaltpotential der Schule. Ungerechtigkeit, die Unmöglichkeit sich zu entfalten und das Gefühl, man sei ungerecht behandelt worden. Das sind die Ursachen für Gewalt an Schulen.

Wenn Jugendliche mit ihrer Schwäche und Hoffnungslosigkeit alleine gelassen werden, laufen sie leicht Gefahr, zu Mitläufern zu werden, zu Anhängern gewaltbereiter Führer, die radikale Lösungen anbieten. Gewalt erzeugt immer wieder Gewalt, solange die Zusammenhänge, das Muster aus Angst und Schwäche, nicht gesehen werden.

Die Freiräume der Kinder werden immer größer, doch sie lernen nicht, damit umzugehen. Sie erhalten zuwenig Rückmeldung, um ihr Handeln einschätzen zu können. Sie kennen kaum Werte und wissen nicht, wie man miteinander umgehen muß. Viele Eltern lassen ihre Kinder laufen, dieses Laissez-faire aber erzeugt Orientierungslosigkeit, Chaos und Gewalt.

Insgesamt ist es für eine Gesellschaft wichtig, Grenzen zu kennen und zu bestimmen. Es muß abgeklärt werden, was erlaubt ist und was nicht. Nur hier liegt eine gewisse Unsicherheit, weil viele gar nicht wissen, was sie eigentlich wollen. So ist die Orientierungslosigkeit der Erwachsenen auch Schuld am Gewaltpotential von Jugendlichen.

Die Kinder lernen nicht oder nur kaum, wie man miteinander umgeht, wie man Konflikte austrägt. Sie bekommen auch keine richtigen Rückmeldungen und Bestätigungen und Korrekturen. Dies ist bestimmt nicht gut für die Entwicklung des Kindes. Das führt dazu, daß das Kind nicht weiß, wie es sich zu verhalten hat, wie es mit Belastungssituationen umgehen muß. Kinder und Jugendliche verlieren Maßstäbe und es schaukelt sich hoch, was man unter Aggression und Gewalt in verschiedenen Formen versteht. Es fehlen Werte, Normen, Vorbilder und Ideale.

In der Schule ist man insgesamt zu wenig bereit, sich auf das vorhandene Gewaltpotential der Schüler einzulassen und auf die allgemeine Orientierungslosigkeit zu reagieren. Wege zu finden, aus dem inneren und äußeren Ghetto, in dem viele Jugendliche ohne Zweifel heute leben, muß mehr und mehr zentrale Aufgabe der Schule und letztlich auch der Universität werden.

Erst wenn sich die (Hoch-)Schule neben dem Elternhaus dieser wesentlichen, vielleicht existenziellen Herausforderung in zunehmendem Maße bewußt(er) wird und sie tatsächlich mit all ihren Konsequenzen annimmt, werden Kinder zu Jugendlichen heranwachsen, die es in ihrem späteren Leben nicht nötig haben werden, ihre Interessen mit gewaltsamen Mitteln durchsetzen zu wollen. Diese jungen Menschen nämlich werden dann gelernt haben, was es heißt, seine Bedürfnisse im Rahmen sozialer Verantwortung und nicht etwa gegen den vehementen Widerstand anderer zu verwirklichen.

So gesehen muß die Erziehung prophylaktische Arbeit leisten, um zumindest in the long run eine gewaltfreiere Gesellschaft allererst in den Raum des Möglichen zu stellen. Und Erziehung kann diesem Anspruch gerecht werden, wenn sie sich vorzugsweise methodischer Strategien bedient, die Lernen wieder zum Erlebnis werden lassen und unsere Welt in angemessenerer Form als bisher oft üblich widerspiegeln. Projekte stellen nach unserer Überzeugung einen geeigneten Rahmen dar, innerhalb dessen das angestrebte Ziel eines humaneren Lebensvollzugs in Gestalt von Simulationen angemessen antizipiert werden kann.

Im folgenden stellen wir Ihnen zwei konkrete Projektverläufe vor, die jeweils für Schüler bzw. Studenten unterschiedlichen Alters gestaltet worden sind: Das erste Projekt ist schwerpunktmäßig auf Teilnehmer im Alter von ca. 10 bis 15 Jahren ausgerichtet, während das zweite sich an Lernende ab etwa 16 Jahren wendet. Natürlich sind Altersbegrenzungen dieser Art aufgrund der oft sehr unterschiedlich intensiv ausgeprägten psycho-physischen Entwicklung der einzelnen Individuen innerhalb von Lerngruppen außerordentlich problematisch; dennoch erscheinen uns allerdings bestimmte Inhalte angesichts ihrer nicht selten komplexen Struktur zur Behandlung nicht für Jugendliche jeden Alters in der gleichen Weise geeignet, weshalb eine Differenzierung in zumindest zwei verschiedene Zugangsweisen zum selben Thema angezeigt ist.

Um bei der Anlage der Projekte die sonst übliche Segmentierung des Wissenstoffes zu überwinden und dem Systemgedanken in angemessener Weise Rechnung zu tragen, haben wir bei beiden Verlaufsskizzen dafür gesorgt, daß stets Inhalte mehrerer Fachrichtungen didaktisch zur Geltung gebracht werden (s. u. Abb. 14). Im Vergleich zu der abgebildeten thematischen Strukturskizze sind freilich bei den hier vorgestellten Projektbeispielen nicht alle denkbaren sachlichen Perspektiven in gleicher Weise ausgezeichnet und behandelt, sondern vielmehr subjektiv begründete Gewichtungen in der einen oder anderen Richtung vorgenommen worden, die – wie leicht erkennbar – auch zur Vernachlässigung bestimmter anderer Gesichtspunkte geführt haben.

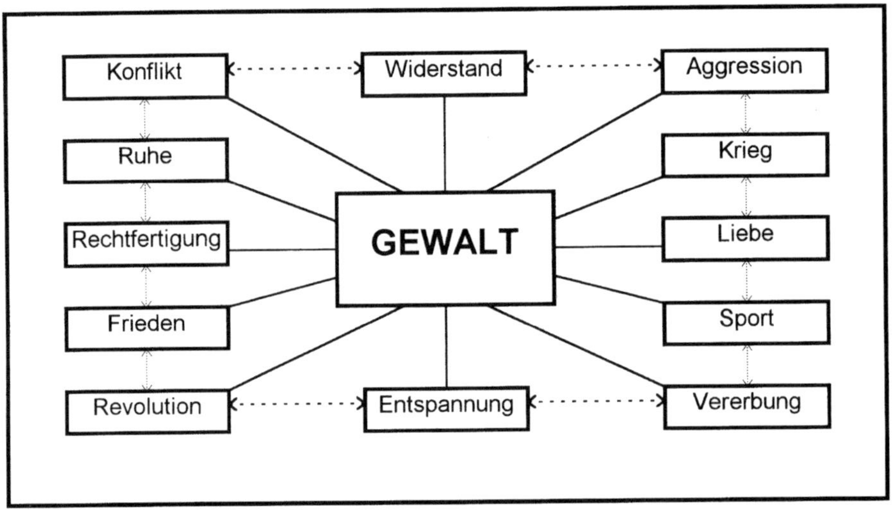

Abb. 14 Thematische Vernetzung: „Gewalt“

Daß auf diesem Wege einer (möglichen?) thematischen Verkürzung Vorschub geleistet werden könnte, ist kaum ernsthaft zu bestreiten, kann allerdings nach unserer Einschätzung aus wenigstens zwei Gründen an dieser Stelle billigend in Kauf genommen werden: Zum einen verbietet es der Realitätsbezug, an Schule und Universität davon auszugehen, daß für Projektaktivitäten auf Anhieb ein gleichsam beliebiges Maß an Zeit zur Verfügung steht; vor diesem Hintergrund macht es Sinn, zunächst Projektvorschläge einer überschaubaren Länge anzubieten. Zum anderen kann der jeweilige Projektverlauf durch Weglassen, Vertiefen oder Hinzufügen von Elementen beliebig verändert und damit auch erweitert werden, wodurch einer inhaltlichen Engführung aus unserer Sicht im Grundsatz vorgebeugt zu werden vermag.

3.2. Checkliste zum Projekt

Im folgenden Abschnitt (Kap. 3.3.) stellen wir Ihnen – alphabetisch geordnet – alle von uns zum Thema „Gewalt“ verwendeten Projektbausteine vor; danach zeigen wir Ihnen zwei konkrete Beispiele für die Anordnung der Bausteine im Rahmen von Projekten für Teilnehmer unterschiedlichen Alters (Kap. 3.4. und 3.5.).

Bevor Sie sich aber der inhaltlichen Umsetzung der entsprechenden Veranstaltungen zuwenden, sollten Sie sich ausführlich der in diesem Kapitel abgedruckten Checkliste widmen, die Ihnen helfen soll, bei Ihren Bemühungen vor allem auch die Fragen nicht aus dem Blick zu verlieren, die stets im Vorfeld eines Projekts zu klären sind.

Checkliste

- Beginnen Sie mit der Planung der jeweiligen Projektangebote möglichst langfristig vor dem eigentlichen Veranstaltungstermin (mindestens 3 Monate vorher!).
- Überlegen Sie rechtzeitig, ob Sie eine Gelegenheit finden, das Projekt möglicherweise außerhalb des Schul- oder Hochschulrahmens in einer geeigneten Tagungs- oder Bildungsstätte durchzuführen.
- Beziehen Sie möglichst von Beginn an die Schülerinnen und Schüler bzw. Studentinnen und Studenten, mit denen Sie das Projekt gestalten wollen, mit in die organisatorische und inhaltliche Vorbereitung ein.
- Wenn Sie die Veranstaltung außerhalb der Schule oder Universität durchführen wollen, informieren Sie die späteren Teilnehmerinnen und Teilnehmer rechtzeitig über die für sie entstehenden Kosten (Unterbringung, Verpflegung, Anfahrt ggf. mit dem Bus) und stellen Sie bei dieser Gelegenheit fest, ob die Finanzierung gesichert ist.
- Finden Sie möglichst rasch heraus, welche ihrer Kolleginnen und Kollegen unter welchen Umständen bereit wären, sich der Vorbereitung und Durchführung des Projekts zu beteiligen und beziehen Sie sie unter Berücksichtigung ihrer Wünsche von Anfang an in die Planung ein.
- Entwickeln Sie auf dem Hintergrund der Ihnen in den Kapiteln 3.3. bzw. 3.4. und 3.5. angebotenen Bausteine unter Beteiligung der interessierten Kolleginnen und Kollegen sowie Schülerinnen und Schüler bzw. Studentinnen / Studenten, für die das Projekt geplant ist, eine grobe – vorläufige – Verlaufsskizze der späteren Veranstaltung, aus der mindestens folgendes hervorgehen sollte:
  a) die Anzahl der Tage, die die Veranstaltung dauern soll;
  b) der Umfang der vorgesehenen Arbeitszeiten;
  c) die verwendeten Projektelemente (s. Kap. 3.3., 3.4. und 3.5.);
  d) die Aufteilung der einzelnen Teilnehmergruppen und ihre Stärke;
  e) methodische Hinweise auf Einzel-, Partner-, Gruppenarbeitsphasen usw.;
  f) die Namen der jeweiligen Durchführenden und
  g) ggf. sonstige Informationen

- Bemühen Sie sich anschließend um eine Genehmigung der Veranstaltung bei Ihrem Chef: Berücksichtigen Sie dabei in jedem Fall die sich aus der Verlaufsskizze ergebenden Notwendigkeiten sowie Ihre Vorüberlegungen bezüglich einer möglichen Tagungsstätte der Schule oder Universität.
- Nach der Genehmigung für Veranstaltung teilen Sie den potentiellen Interessenten frühzeitig den genauen Termin und den Ort mit, an dem das Projekt stattfinden soll.
- Soweit Sie das Projekt nicht in der Schule oder Universität durchführen, fertigen Sie für die potentiellen Teilnehmerinnen und Teilnehmer eine Erklärung an, in der sie ihre Teilnahme an der geplanten Veranstaltung verbindlich zusagen und zugleich geregelt wird, wie die Zahlung der Kosten abgewickelt werden soll. Lassen Sie sich in jedem Falle, um spätere Rechtsunsicherheiten zu vermeiden, von den Schülerinnen / Schülern oder Studentinnen / Studenten formell schriftlich mit der Vorbereitung des Projekts beauftragen. Dieser Punkt ist besonders wichtig dann, wenn Sie ein Projekt mit Minderjährigen außerhalb der jeweiligen Bildungseinrichtung vorhaben.
- Buchen Sie, nachdem Sie von den potentiellen Projektteilnehmerinnen und -teilnehmern die entsprechende schriftliche Erklärung erhalten haben und soweit Sie das Projekt nicht in der (Hoch-)Schule durchführen wollen, die erforderliche Zahl von Zimmern in dem ausgewählten Tagungshaus und mieten Sie, falls erforderlich, ggf. einen Bus an.
- Organisieren Sie anschließend die weitere inhaltliche und formale Vorbereitung des Projekts unter ständiger Einbeziehung der späteren Teilnehmer und derjenigen Kollegen, die sich hierbei beteiligen wollen.
- Überlegen Sie in inhaltlicher Hinsicht, wann Sie in letzter Zeit mit dem Thema „Gewalt“ konfrontiert worden sind. Stellen Sie fest, in welcher Weise genau Sie dadurch betroffen gemacht worden sind und welche Möglichkeiten daraus für Sie erwachsen, Ihre eigene Beziehung zum Thema in die Projektgestaltung einzubringen.
- Versuchen Sie herauszufinden, ob die Thematik „Gewalt“ derzeit als aktuell gilt oder nicht. Bemühen Sie sich festzustellen, ob es ggf. bestimmte Aspekte des Problembereichs sind, die im Augenblick allgemein diskutiert werden (z. B. in der Schule) und inwieweit es für Sie möglich erscheint, diese Gesichtspunkte mit in Ihre Vorbereitungen einzubeziehen.
- Ermitteln Sie das Interesse von SchülerInnen und StudentInnen in bezug auf das Thema. Besprechen Sie unter Umständen mit den Lernenden, welche Aspekte aus Ihrer Sicht für die Projektgestaltung von Interesse sind und daher unbedingt in die Arbeit einbezogen werden sollten.
- Suchen Sie nach Möglichkeiten, erfahrungsnahes Lernen anzubieten, indem Sie beispielsweise auf Gewaltakte in der näheren Umgebung eingehen, Ausstellungen oder aktuelle politische Entwicklungen als Aufhänger für die Projektarbeit heranziehen.

- Informieren Sie sich an möglichst vielen Stellen, die Ihnen unmittelbar zur Verfügung stehen (Jugendamt; Polizei; Gerichte; Parteien usw.), über die jeweilige Sicht zum Thema und entwickeln Sie daraus mögliche Perspektiven für das Projekt.
- Interessieren Sie sich dafür, ob es möglich ist, ggf. mit der einen oder anderen der genannten Institutionen im Rahmen des Projekts enger zusammenzuarbeiten. Beispielsweise könnten Sie darum bitten, daß Ihnen für das Projekt Referenten zur Verfügung gestellt werden, die sich in besonderer Weise mit der Thematik „Gewalt“ beschäftigt haben.
- Entwickeln Sie unter Hinzuziehung Ihrer Ergebnisse aus den vorgenannten Punkten und nochmaliger Berücksichtigung der im folgenden angebotenen Projektbausteine die endgültige inhaltliche Planung für die Veranstaltung. Informieren Sie anschließend alle verantwortlich Beteiligten darüber, an welchen Tagen, zu welchen Zeiten sie jeweils mit welchem Beitrag am Projekt teilnehmen sollen. Sorgen Sie dafür, daß diese Informationen die Betroffenen mindestens drei Wochen vor dem eigentlichen Projektbeginn erreicht.
- Gehen Sie zu diesem Zeitpunkt auf Korrekturwünsche nur noch sehr bedingt ein und verhindern Sie – wann immer möglich! – grundlegende Veränderungen im Programmablauf.
- Machen Sie ggf. das Projekt durch ausreichende Werbung in Ihrer Bildungseinrichtung rechtzeitig bekannt.

Raum für eigene Notizen

3.3. Übersicht: Die Projektbausteine

In der folgenden Übersicht, listen wir – in alphabetischer Reihenfolge – zum leichteren Zugriff nahezu alle Projektbausteine auf, die in den Abschnitten 3.4. und 3.5. im einzelnen methodisch-didaktisch erläutert werden; Bausteine, die Auswertungen anderer Elemente repräsentieren werden hierbei nicht berücksichtigt. Zur besseren Orientierung finden Sie neben dem Titel des jeweiligen Bausteins in Klammern zusätzlich weitere Hinweise auf

- das Kapitel, in dem der Baustein näher beschreiben wird und
- die laufende Nummer, unter der der Baustein in dem entsprechenden Kapitel aufzufinden ist.

Raum für eigene Bausteine

3.4. Bausteine für 10- bis 15jährige

In diesem Kapitel stellen wir Ihnen insgesamt 19 Bausteine vor, die Sie im Rahmen eines Projekts zum Thema „Gewalt“ für Schülerinnen und Schüler im Alter von etwa 10 bis 15 Jahren verwenden können. Die Reihenfolge, in der die Bausteine präsentiert werden, kann ohne weiteres als Grundmuster für die Planung eines entsprechenden Projektablaufs genutzt werden; allerdings lassen sich die Bausteine zweifellos ebenso sinnvoll auch auf andere Art und Weise zusammenstellen oder ergänzen.

---

1. Baustein: Erwartungen

Inhalt	Erwartungen an und Informationen über das Projekt
Ziel	Formulierung von Fragen, Wünschen, Vorstellungen usw. bezüglich des Themas und der Projektgestaltung; Darstellung des Projektverlaufs
Methode	Gruppengespräch
Material	---
Medien	ggf. Paper / Folie zum Projektverlauf; OH-Projektor
Dauer	ca. 20 Minuten

---

2. Baustein: Collagen

Inhalt	Erstellung von Collagen zum Thema „Gewalt“
Ziel	Sensibilisierung für die Problematik; Erschließung von persönlichen Erfahrungen; rational-emotiver und zugleich kooperativer Einstieg; emotionale Antizipation
Methode	Kleingruppenarbeit (ca. 3–5 Schüler)
Material	Zeitungen; Zeitschriften; Papier; Pappe DIN A 1; Scheren; Fils-, Blei- und Buntstifte; Lineale; Klebematerial usw.
Medien	---
Dauer	ca. 60 Minuten

---

3. Baustein: Auswertung der Collagen

Inhalt	Vorstellung und Besprechung der erstellten Collagen
Ziel	Vertreten eigener Ideen; Aussprechen persönlicher Erfahrungen mit Gewalt; erste Problematisierung des Gewaltphänomens

Methode	Vortrag der (gewählten) Kleingruppenvertreter vor dem Plenum; Aussprache in der Großgruppe
Material	Stellwände; Zeigestock o. ä.
Medien	Collagen
Dauer	ca. 45 Minuten (bei 6 Gruppen)

---

4. Baustein: Ein geschichtliches Beispiel – Hiroshima

Inhalt	Video-Film: Hiroshima – Erinnern und Verdrängen
Ziel	Konfrontation mit historischer Gewalt; Identifikation mit den Opfern; emotionale Antizipation: anschließend (s. Baustein 5) Diskussion von Motiven, Ursachen usw.
Methode	Filmbetrachtung
Material	---
Medien	Film (s. Quellen- und Medienverzeichnis)
Dauer	30 Minuten

---

5. Baustein: Besprechung des Films

Inhalt	Problematisierung von Kriegshandlungen auf dem Hintergrund des Falls Hiroshima (s. Baustein 4)
Ziel	Sensibilisierung für das Phänomen Krieg und die damit verbundenen Irrationalismen; Diskussion von Ursachen, Motiven, Wiederholungsmöglichkeiten usw.
Methode	Gruppengespräch
Material	---
Medien	---
Dauer	45 Minuten

---

6. Baustein: Das Problem der Gewalteskalation

Inhalt	Zwerenz: Nicht alles gefallen lassen
Ziel	Einsicht in den Mechanismus der Gewalteskalation; erste Ansätze zur alternativen Konfliktlösung
Methode	Textlektüre u. -besprechung in der Großgruppe

Material	---
Medien	Zwerenz-Text (1972; s. Quellen- und Medienverzeichnis)
Dauer	45 Minuten

7. Baustein: Konfliktlösungen im Rollenspiel

Inhalt	Lösungen für selbst gewählte oder vorgegebene Konfliktsituationen spielen
Ziel	Emotionale Antizipation; Identifikation mit verschiedenen Rollen; Erproben unterschiedlicher Lösungsmuster
Methode	Erarbeitung von Rollenspielen in Kleingruppen (ca. 3–5 Schüler)
Material	Paper mit Beschreibung der Konfliktsituationen und den verschiedenen Rollen
Medien	---
Dauer	60 Minuten

8. Baustein: Darstellung und Besprechung der Rollenspiele

Inhalt	Vorführung der erarbeiteten Rollenspiele mit anschließender kritischer Würdigung der überlegten Lösungsstrategien
Ziel	Fähigkeit, vor anderen aufzutreten; angemessenes Spielen; Erkennen und Problematisieren der Lösungsmuster
Methode	Rollenspielvorführung; Gruppengespräch
Material	---
Medien	---
Dauer	ca. 75 Minuten (bei 5 Gruppen)

9. Baustein: Ein Vorbild der Gewaltlosigkeit – Jesus

Inhalt	Liebes- und Friedensgebot
Ziel	Einsicht in die Ethik der Bergpredigt; Problematisieren dieses Konzepts aus der Alltagsperspektive
Methode	Textlektüre und -erarbeitung in der Großgruppe
Material	---
Medien	Auszüge aus Matthäus 5; Neues Testament
Dauer	45 Minuten

10. Baustein: Ich, der Baum ...

Inhalt	Wenn ein Baum sprechen könnte ...
Ziel	Emotionale Antizipation in bezug auf die Pflanzenwelt; Begreifen von Gewalt als universales Problem
Methode	Schreiben einer Geschichte zum Thema „Wenn ich ein Baum wäre ...
Material	---
Medien	---
Dauer	30 Minuten

11. Baustein: Vortragen und Besprechen der Geschichten

Inhalt	Die Baum-Geschichten (s. Baustein 10)
Ziel	Problematisierung und Vertiefung der in den Geschichten assoziierten Aspekte; weitere Sensibilisierung für eine universale Ethik
Methode	Schülervorträge; Gruppengespräch
Material	---
Medien	Schülertexte
Dauer	30 Minuten

12. Baustein: Wenn ich selbst unter Druck stehe

Inhalt	Selbsterfahrungen in bezug auf Streßsituationen
Ziel	Sprechen über persönliche Situationen, die belasten; Erkennen, daß Belastungen nicht mit aggressiven Reaktionen beantwortet werden müssen
Methode	Meditatives Sichzurückversetzen in eine belastende Situation
Material	---
Medien	Meditationsmusik; suggestiver Text nach Kliebisch / Wach (1994; s. Quellen- und Literaturverzeichnis)
Dauer	15 Minuten

13. Baustein: Wie war das damals?

Inhalt	Zeichnen der erinnerten Streßsituation (s. Baustein 12)
Ziel	Zeichnerisches Ausdrücken und anschließende mündliche Darstellung und Besprechung persönlicher Belastungssituationen (s. Baustein 14)
Methode	Einzelarbeit; Zeichnen
Material	Pappe DIN A 3; Mal- und Zeichenbedarf
Medien	---
Dauer	30 Minuten

14. Baustein: Besprechung der Zeichnungen

Inhalt	Darstellung und Besprechung einzelner Zeichnungen
Ziel	Fähig werden, über eigene Probleme zu sprechen; Verarbeitungsmöglichkeiten im Dialog mit anderen erkunden und erproben
Methode	Schülervorträge; Gruppengespräch
Material	---
Medien	Zeichnungen
Dauer	ca. 45 Minuten

15. Baustein: Dampf ablassen

Inhalt	Interaktionsspiel: Sich gegenseitig Rücken an Rücken oder Hand auf Hand von der Stelle schieben
Ziel	Lernen, in freundschaftlicher Auseinandersetzung seine Aggressionen abzubauen
Methode	Paarspiel
Medien	Literatur zu Interaktionsspielen (s. Quellen- und Medienverzeichnis, z. B. Vopel, 1978ff.)
Dauer	10 Minuten

16. Baustein: Ruhe finden

Inhalt	Entspannungsübung
Ziel	Einführung in das Autogene Training als Möglichkeit, eigene Spannungen abzubauen
Methode	Gruppenentspannung
Material	---
Medien	Entspannungsmusik; Entspannungstext nach E. Müller (1983 u. 1989) oder Kliebisch (1997; s. Quellen- und Literaturverzeichnis)
Dauer	ca. 15 Minuten

17. Baustein: Auswertung der Entspannungsübung

Inhalt	Gefühle und Empfindungen während und nach der Entspannungsphase (s. Baustein 16)
Ziel	Sich selbst wahrnehmen; Gefühle thematisieren und mit anderen teilen; Ruhe als Voraussetzung für gewalt- und aggressionsfreies Handeln erleben und begreifen
Methode	Gruppengespräch
Material	---
Medien	---
Dauer	ca. 20 Minuten

18. Baustein: Sport als Ventil?

Inhalt	Sport als Gewalt oder als Gewaltvermeidung
Ziel	Die Zwiespältigkeit des Sports erkennen; Sport als bisweilen gewalttätige Aktion begreifen; Sport als Möglichkeit sich zu entspannen und zu reaktivieren kennenlernen
Methode	Gedichtvortrag; Texterarbeitung und anschließendes Gespräch im Plenum
Material	---
Medien	Fendrich-Gedicht (1984; Quellen- und Medienverzeichnis)
Dauer	ca. 45 Minuten

19. Baustein: Projekt-Feedback

Inhalt	Das abgelaufene Projekt
Ziel	Sich emotional und rational zu den Erfahrungen mit dem abgelaufenen Projekt äußern; Schwierigkeiten, Probleme etc. benennen; Vorschläge zur Verbesserung entwickeln usw.
Methode	Feedback in der Großgruppe (ohne Diskussion)
Material	---
Medien	---
Dauer	ca. 15 Minuten bei 15–20 Teilnehmern)

Raum für eigene Bausteine und Notizen

3.5. Bausteine für Jugendliche ab 16 Jahren

Dieses Kapitel stellt 24 weitere Bausteine zum Thema „Gewalt“ vor, die Sie besonders aufgrund des jeweiligen Anspruchsniveaus in erster Linie mit Teilnehmerinnen und Teilnehmern umsetzen können, die mindestens 16 Jahre alt sind, also mit Schülern der Sekundarstufe II oder mit Studenten. Die Reihenfolge, in der die einzelnen Bausteine erscheinen, repräsentiert eine mögliche Abfolge, wie sie im Rahmen eines Projekts entfaltet werden könnte. Selbstverständlich ist es aber auch hier möglich, die Bausteine auf eine andere als die vorgeschlagene Art und Weise zusammenzustellen, einzelne Elemente auszulassen, zu verändern oder zu ergänzen.

---

1. Baustein: Erwartungen

Inhalt	Einstellungen und Meinungen zum Thema des Projekts; Bekanntgabe des Projektablaufs
Ziel	Nennung erster vorläufiger Überlegungen zum Thema „Gewalt“; Formulierung von Erwartungen an das Projekt
Methode	Gruppengespräch
Material	---
Medien	---
Dauer	ca. 20 Minuten

---

2. Baustein: Erfahrungen mit Gewalt

Inhalt	Konkrete persönliche Assoziationen zum Thema „Gewalt“
Ziel	Über eigene Erfahrungen sprechen
Methode	Notieren der Assoziationen in Einzelarbeit, anschließend Vorstellung und Gespräch im Plenum
Material	Karteikarten DIN A7
Medien	Notizen
Dauer	insg. ca. 30 Minuten

---

3. Baustein: Ruhig bleiben

Inhalt	Entspannung als Voraussetzung dafür, selbst auf Gewalt verzichten zu können

Ziel	Gewalt als nicht akzeptables Mittel erkennen; Entspannungsmöglichkeiten kennenlernen und als eine wesentliche Voraussetzung für gewaltfreie Auseinandersetzungen begreifen
Methode	Entspannungsübung
Material	--
Medien	Entspannungsmusik; Entspannungstexte nach Müller (1989) oder Kliebisch 1997, Quellen- und Medienverzeichnis)
Dauer	15 Minuten

---

4. Baustein: Auswertung der Entspannungsübung

Inhalt	Erfahrungen mit der Entspannungsübung (s. Baustein 4)
Ziel	Über Entspannungserfahrungen miteinander sprechen
Methode	Gruppengespräch
Material	---
Medien	---
Dauer	ca. 15 Minuten

---

5. Baustein: Entstehung von Aggression nach Freud

Inhalt	Triebtheorie
Ziel	Freuds Triebtheorie in Grundzügen verstehen und problematisieren
Methode	Texterarbeitung in Kleingruppen und anschließende Besprechung und Diskussion im Plenum
Material	---
Medien	Freud-Text (1980; s. Quellen- und Medienverzeichnis)
Dauer	ca. 60 Minuten

---

6. Baustein: Entstehung von Aggression nach dem Modellernen

Inhalt	Die Stimulationstheorie
Ziel	Verstehen der Stimulationstheorie; Vergleich mit der Freudschen Triebtheorie
Methode	Texterarbeitung in Kleingruppen; anschließend Gespräch darüber im Plenum

Material	---
Medien	Text von G. Lischke zur Stimulationstheorie (1977; s. Quellen- und Medienverzeichnis
Dauer	ca. 60 Minuten

---

7. Baustein: Aggression und Verhaltenslehre

Inhalt	Die Position von Konrad Lorenz
Ziel	Kennenlernen und Problematisieren der Auffassung Lorenz'; Vergleich mit anderen Erklärungsansätzen
Methode	Texterarbeitung in Partnerarbeit oder Schülerreferat; anschließend Gespräch im Plenum
Material	---
Medien	Lorenz-Text aus: „Das sogenannte Böse" (1984; s. Quellen- und Medienverzeichnis)
Dauer	ca. 60 Minuten

---

8. Baustein: Erziehung – mit oder ohne Gewalt?

Inhalt	Rollenspiel: Darstellung einer problematischen Erziehungssituation (z. B. zu spätes Nach-Hause-Kommen)
Ziel	emotionale Antizipation; eigene Erfahrungen kreativ darstellen; neue Handlungsmuster versuchsweise erproben; kooperatives Verhalten einüben
Methode	Erarbeitung von Rollenspielen
Material	---
Medien	Paper mit Angabe der zu spielenden Erziehungssituation und der beteiligten Personen
Dauer	ca. 60 Minuten

---

9. Baustein: Vorführung und Auswertung der Rollenspiele

Inhalt	Die erarbeiteten Rollenspiele (s. Baustein 8)
Ziel	Lernen, sich vor einer Gruppe rollengemäß zu verhalten; als Gruppe die eigene Gestaltung der Situation vor den anderen vertreten; die gewählten Lösungs- und Verhaltensmuster benennen können und im

	Gespräch mit den anderen problematisieren und auf ihre Praktikabilität hin überprüfen
Methode	Gruppenspiel; Plenumsgespräch
Material	---
Medien	die vorgeführten Rollenspiele
Dauer	ca. 60 Minuten (bei 5 Gruppen)

---

10. Baustein: Erziehung zum Frieden

Inhalt	Prinzipien einer Friedenserziehung
Ziel	Erkennen, daß Gewaltverzicht mit entsprechender Erziehung einhergehen muß; problematisieren einer Erziehung zum Frieden; thematisieren ihrer Praktikabilität
Methode	Texterarbeitung in Kleingruppen, ggf. Schülerreferat; anschließend Gruppengespräch
Material	--
Medien	Hentig-Text (1967; s. Quellen- und Medienverzeichnis); ggf. OH-Projektor
Dauer	ca. 50 Minuten

---

11. Baustein: Historische Beispiele für Gewaltanwendung

Inhalt	Die Auffassungen Marx' und Maos zur Gewalt
Ziel	Erkennen der historischen Legitimation von Gewalt; problematisieren von Gewalt als politisches Mittel
Methode	Texterarbeitung in Kleingruppen, evtl. unter leitenden Fragestellungen; alternativ: Schüler- und/oder Lehrervortrag; anschließend Plenumsdiskussion
Material	---
Medien	Mao- (1967) und Marx-Texte (1968; s. Quellen- und Medienverzeichnis); ggf. OH-Projektor
Dauer	ca. 60 Minuten

---

12. Baustein: Historische Beispiele für Gewaltverzicht

Inhalt	Die Positionen M. L. Kings und M. Gandhis

Ziel	Erkennen, daß Gewaltverzicht zum Ziel führen kann; Probleme des gewaltlosen Widerstands verstehen; Möglichkeiten des Widerstands (zivilen Ungehorsams) in einer Demokratie erörtern
Methode	Schülerreferate zu King und Gandhi; anschließend Plenumsgespräch
Material	---
Medien	King- (1968) und Gandhi-Texte für die Referenten (1968; s. Quellen- und Medienverzeichnis); Thesenpapiere für die Zuhörer; ggf. OH-Projektor
Dauer	ca. 60 Minuten

---

13. Baustein: Wenn einer Dir auf die linke Backe schlägt ...

Inhalt	Sinn und Unsinn des Gewaltverzichts am Beispiel einer Alltagssituation
Ziel	Schwierigkeiten des Gewaltverzichts erleben; eigene Motive für die Anwendung von Gewalt wahrnehmen; Realitätsnähe des Postulats vom Gewaltverzicht erproben und diskutieren
Methode	Erarbeitung von Rollenspielen in Kleingruppen nach vorgegebener Alltagssituation und definierten Rollen;
Material	---
Medien	Informationsblatt zur Situation etc.
Dauer	ca. 60 Minuten

---

14. Baustein: Auswertung der Rollenspiele

Inhalt	Die erarbeiteten Rollenspiele (s. Baustein 13)
Ziel	Darstellung der Rollenspiele; Problematisierung und Diskussion der entwickelten Handlungsmuster
Methode	Vorstellung und Besprechung der Rollenspielergebnisse; anschließend Plenumsgespräche
Material	---
Medien	Rollenspielergebnisse
Dauer	ca. 60 Minuten (bei 5 Gruppen)

15. Baustein: Bereitschaft zur Gewaltanwendung

Inhalt	Das Milgram-Experiment
Ziel	Erkennen einer allgemein vorhandenen Bereitschaft zur Gewaltanwendung; Problematisierung der These von der genetischen Disposition; Vermeidungsstretegien erkennen und auf ihre Praxistauglichkeit hin überprüfen
Methode	Schülerreferat; anschließende Diskussion und Problematisierung im Plenum
Material	---
Medien	Text zum Milgram-Experiment (1983) für den Referenten (s. Quellen- und Literaturverzeichnis); ggf. Thesenpapier für die Zuhörer und/ oder OH-Projektor
Dauer	ca. 45 Minuten

16. Baustein: Prinzipien ethischer Legitimation

Inhalt	Die Auffassungen Kants und A. Schweitzers
Ziel	Kennenlernen ethischer Rechtfertigungsstrategien; Problematisierung der Frage nach der Legitimation von Gewalt vor dem Hintergrund der erarbeiteten Ansätze
Methode	Kleingruppenarbeit zur Texterschließung (Leitfragen); anschließend Vorstellung und Besprechung der Ergebnisse
Material	---
Medien	Kant (1968) – und Schweitzer Texte (1976; s. Quellen- und Medienverzeichnis)
Dauer	ca. 75 Minuten

17. Baustein: Gewalt in der Literatur 1

Inhalt	Büchner: Datons Tod
Ziel	Literarische Verarbeitung historischer Gewalt kennenlernen und problematisieren
Methode	Dialogischer Vortrag ausgewählter Drama-Passagen; anschließend Kurzreferat zum historischen Hintergrund; danach Diskussion und Problematisierung im Plenum
Material	---
Medien	Büchner-Texte (o. J.; s. Quellen- und Medienverzeichnis); ggf. Thesenpapier, Folien; OH-Projektor
Dauer	90 Minuten

18. Baustein: Gewalt in der Literatur 2

Inhalt	Kleist: Michael Kohlhaas
Ziel	Literarische Verarbeitung von Gerechtigkeit kennenlernen und problematisieren
Methode	Text in komprimierter Form lesen und den Weg der Gerechtigkeit nachzeichnen sowie das Problem der „doppelten Gerechtigkeit" am Schluß der Novelle reflektieren und kritisch auf alltägliche Situationen beziehen
Material	---
Medien	Kleist-Texte (1970; s. Quellen- und Medienverzeichnis)
Dauer	2 × 90 Minuten

19. Baustein: Sport und Gewalt

Inhalt	Verschiedene Aspekte zum Thema kennenlernen und kritisch hinterfragen
Ziel	Versuch, den Sport einmal aus einer anderen Perspektive zu betrachten und sich darüber im klaren sein, daß im Sport ein enormes Gewaltpotential immanent vorhanden ist
Methode	Erarbeitung der verschiedenen Modelle in Kleingruppen
Material	Texte aus: Effensperger (1986; s. Quellen- und Medienverzeichnis)

Medien	---
Dauer	2 × 90 Minuten

---

20. Baustein: Gewalt in den Medien

Inhalt	Gewaltdarstellungen
Ziel	Sensibilisierung für das Problem der Abstumpfung und Verrohung durch medialen Gewaltkonsum; erkennen und problematisieren der Gefahr von „erfolgreicher" Gewaltanwendung
Methode	Filmbetrachtung mit anschließender Diskussion (Plenum)
Material	---
Medien	Video-Film: A Scenic Harvest ... (1984; s. Quellen- und Medienverzeichnis
Dauer	75 Minuten

---

21. Baustein: Konfliktlösung ohne Gewalt

Inhalt	Die Niederlage-lose-Methode nach Th. Gordon
Ziel	Einsicht in die Möglichkeit, Konflikte ohne Gewaltanwendung zu lösen; Problematisierung der Alltagstauglichkeit des vorgestellten Konzepts
Methode	Texterschließung (ggf. in Kleingruppen), anschließend Plenumsgespräch
Material	---
Medien	Gordon-Text (1981; s. Quellen- und Medienverzeichnis)
Dauer	ca. 75 Minuten

---

22. Baustein: Konfliktlösung im Rollenspiel

Inhalt	Lösung einer vorgegebenen Konfliktsituation nach dem Modell von Thomas Gordon (s. Baustein 20)
Ziel	Praktische Erprobung der Niederlage-losen-Methode; emotionale Antizipation; Erkennen möglicher gewaltfreier Handlungsperspektiven in Konfliktsituationen; Wahrnehmen eigener Schwierigkeiten, sich gewaltfrei zu verhalten
Methode	Erarbeitung von Rollenspielen zu vorgegebenen Situationen (Kleingruppen von ca. 3–5 Personen)

Material	---
Medien	Informationspapier über die zu behandelnde Konfliktsituation und die notwendigen Rollen
Dauer	ca. 60 Minuten

23. Baustein: Vorstellung und Besprechung der Rollenspiele

Inhalt	Die erarbeiteten Rollenspiele (s. Baustein 21)
Ziel	Vorstellen von Lösungen vor der Großgruppe; Lernen, sich einzufühlen und rollengemäß zu verhalten; Fähig werden, sich rational und emotional adäquat auszudrücken; Problematisieren der Alltagstauglichkeit der vorgestellten Lösungsmuster
Methode	Gruppenspiele; anschließend Plenumsgespräch
Material	---
Medien	Rollenspielergebnisse
Dauer	ca. 75 Minuten (bei 5 Gruppen)

24. Baustein: Projekt-Feedback

Inhalt	Das abgelaufene Projekt
Ziel	Sich emotional und rational zu den Erfahrungen mit dem abgelaufenen Projekt äußern; Schwierigkeiten, Probleme etc. benennen; Vorschläge zur Verbesserung entwickeln usw.
Methode	Feedback in der Großgruppe (ohne Diskussion)
Material	---
Medien	---
Dauer	ca. 15 Minuten (bei 15–20 Teilnehmern)

Raum für eigene Bausteine und Notizen

3.6. Literatur, Quellen, Medien

a. Literatur zum Thema „Gewalt" für die Hand des Unterrichtenden

Hinweis

Die Literaturliste enthält (thematisch ungeordnet)
- Schriften zum Gewaltproblem allgemein
- Arbeiten zu bestimmten Schwerpunktthemen (Gewalt in der Schule, Friedenserziehung, Mediengewalt u. ä.)
- Textsammlungen zu einzelnen thematischen Aspekten (Revolution und Christentum, politische Gewalt, Aggression, Krieg u. a.)

Ackermann, P. (Hrsg.): Frieden – Friedensstrategien. Arbeitstexte für den Unterricht. Stuttgart 1982.

Alt, F.: Frieden ist möglich. Die Politik der Bergpredigt. 10. Aufl. München 1983.

Alt, F.: Liebe ist möglich. Die Bergpredigt im Atomzeitalter. München 1985.

Arbeitsgruppe Kinderschutz: Gewalt gegen Kinder. Kindesmißhandlungen und ihre Ursachen. Handbuch für Diskussion und Aktion. Reinbek 1980.

Bandura, A.: Aggression – eine sozial-lerntheoretische Analyse. Stuttgart 1979.

Brockmann, G.; Schanze, H.: Die Revolution und die Christen. Materialien für den Religionsunterricht. 2. Aufl. Frankfurt/M., Berlin, München 1974.

Bubolz, G. (Hrsg.): Fernsehen, Video und Erziehung. Gefährdungen – Maßnahmen – Hilfen. Arbeitshefte für Erziehungswissenschaft. Frankfurt/M. 1989.

Carnenal, E.: Meditation und Widerstand. Dokumentarische Texte und neue Gedichte. Vorwort von H. Gollwitzer. 2. Aufl. Gütersloh 1979.

Dürr, H.-P. u. a. (Hrsg.): Verantwortung für den Frieden. Naturwissenschaftler gegen Atomrüstung. Reinbeck 1983.

Frankl, V. E.: ... trotzdem Ja zum Leben sagen. Ein Psychologe erlebt das Konzentrationslager. 4. Aufl. München 1985.

Fromm, E.: Anatomie der menschlichen Destruktivität. Stuttgart 1974.

Fromm, E.: Haben oder Sein. Die seelischen Grundlagen einer neuen Gesellschaft. 6. Aufl. München 1980.

Fromm, E.: Die Kunst des Liebens. Frankfurt/M., Berlin, Wien 1980.

Fürntratt, E.: Angst und instrumentelle Aggression. Weinheim, Basel 1974.

Galtung, J.: Strukturelle Gewalt. Beiträge zur Friedens- und Konfliktforschung. Reinbek 1975.

Gebauer, K.: Was ist bloß mit den Kindern los? In: Die Grundschulzeitschrift (1991), H. 49, S. 47ff.

Gerber, U.; Mokrosch, R.; Schmidt, H. (Hrsg.): Ethik – Ein Arbeitsbuch für den Ethikunterricht im 11. Schuljahr. Frankfurt/M., München 1990.

Gerhardt, G.: Grundkurs Philosophie. Band 2: Ethik – Politik. München 1992.

Gugel, G.: Erziehung und Gewalt. Wie durch Familie, Schule, Fernsehen, Spielzeug und Jugendliteratur Aggression und Gewalt entstehen. Waldkirch 1983.

Habermehl, A.: Gewalt in der Familie. Ausmaß und Ursachen körperlicher Gewalt. 2. Aufl. Hamburg 1989.

Hacker, F.: Aggression. Die Brutalisierung unserer Welt. Berlin 1988.

Hanke, B. u. a.: Aggressiv und unaufmerksam. 2. Aufl. München 1978.

Hecker, U.: Gewalt in der Schule ... und was dagegen zu tun ist. In: NDS (44) 24.11.1992. S. 25f.

Humpert, W.: Aggression in der Schule. In: Aktion Jugendschutz u. a. (Hrsg.): Jugend und Gewalt. Köln 1989, S. 78ff.

Hurrelmann, K.: Aggressionen und Gewalt in der Schule. In: Pädagogisches Forum 1992, H. 2.

Korte, J.: Faustrecht auf dem Schulhof. Über den Umgang mit aggressivem Verhalten in der Schule. Weinheim, Basel 1992.

Kultusministerium des Landes NRW (Hrsg.): Machtlos gegen Videogewalt. Düsseldorf 1984.

Lang, E.: Kind, Familie und Fernsehen – Untersuchungen fernsehbedingter Störungen bei Kindern. Freiburg, Basel, Wien o. J..

Lorenz, K.: Das sogenannte Böse. Zur Naturgeschichte der Aggression. 11. Aufl. München 1984.

Macho, T. H.: „Zum ewigen Frieden". Forum Philosophie. Materialien für den Unterricht. Hannover 1987.

Martell, D. M.: Familie und Aggression. Zur Einübung von Gewalt und Gewaltlosigkeit. Eine empirische Untersuchung. Frankfurt/M. 1988.

Miller, A.: Am Anfang war Erziehung. Frankfurt/M. 1980.

Miller, R.: Sich in der Schule wohlfühlen. 2. Aufl. Weinheim 1989.

Ministerium für Arbeit, Gesundheit und Soziales des Landes NRW (Hrsg.): Jugendgefährdung durch gewaltdarstellende Video-Filme. Eine Sach- und Problemdarstellung für die Öffentlichkeit. Düsseldorf 1984.

Mitscherlich, M.: Müssen wir hassen? Über den Konflikt zwischen innerer und äußerer Realität. 3. Aufl. München 1983.

Nicklas, H.; Ostermann, A.: Zur Friedensfähigkeit erziehen. München, Berlin, Wien 1976.

Nolting, H.-P.: Lernfall Aggression: Wie sie entsteht, wie sie zu vermindern ist. 2. Aufl. Reinbek 1979.

Nolting, H.-P.: Artikel „Aggression". In: Rexilius, G.; Grubitzsch, S. (Hrsg.): Handbuch psychologischer Grundbegriffe. Mensch und Gesellschaft in der Psychologie. Reinbek 1981, S. 10ff.

Oelmüller, W.; Dölle, R.; Piepmeier, R. (Hrsg.): Philosophische Arbeitsbücher. Bd. 4: Diskurs: Geschichte. Paderborn u. a. 1980.

Oelmüller, W.; Dölle, R.; Piepmeier, R. (Hrsg.): Philosophische Arbeitsbücher. Bd. 1: Diskurs: Politik. 2. Aufl. Paderborn u. a. 1980.

Oelmüller, W.; Dölle, R.; Piepmeier, R. (Hrsg.): Philosophische Arbeitsbücher. Bd. 2: Diskurs: Sittliche Lebensformen. 2. Aufl. Paderborn u. a. 1980.

Ossner, J.; Rumpf, M.; Vahland, J.: Kurs Kultur- und Gesellschaftsphilosophie. Heidelberg 1981.

Petri, H.: Erziehungsgewalt. Zum Verhältnis von persönlicher und gesetzlicher Gewaltausübung in der Erziehung. Frankfurt/M. 1989.

Preuschoff, G. u. A.: Gewalt an Schulen – und was dagegen zu tun ist. Köln 1992.

Rauchfleisch, U.: Die alltägliche Gewalt in uns. In: Psychologie heute 20 (1993), H. 1, S. 64ff.

Rauschenberger, H.: Aus der Kinderstube der Gewalt. In: Die Deutsche Schule (1992), H. 2, S. 134ff.

Röhm, E.; Thierfelder, J.: Kirche – Staat – Politik. Zum Öffentlichkeitsauftrag der Kirche. Oberstufe Religion. Marggraf, E.; Röhm, E. (Hrsg.). Materialheft 3. Stuttgart 1985.

Schwarzenburg, H.: Verhinderung und Bekämpfung von Gewalt. In: Bildung aktuell 44 (1993), H. 2, S. 3f.

Singer, K.: Lehrer-Schüler-Konflikte gewaltfrei regeln. 2. Aufl. Weinheim 1991.

Spreiter, M.: Aufrüstung im Klassenzimmer. Die Gewalt macht Schule. In: Psychologie heute 20 (1993), H. 2, S. 58ff.

Struck, P.: Schul- und Erziehungsnot in Deutschland. Ein Ratgeber für Eltern, Lehrer und Bildungspolitiker. Neuwied, Kriftel, Berlin 1992.

Träbert, D.: Vom Umgang der Schule mit der Gewalt. In: NDS (44) 24.11.1992, S. 14f.

Trutwin, W. (Hrsg.): Frieden auf Erden: Theologisches Forum, Bd. 5. Texte für den Religionsunterricht. Düsseldorf 1972.

Verres, R.; Sobez, S.: Ärger, Aggression und soziale Kompetenz. Stuttgart 1980.

Raum für eigene Notizen und weitere Literatur

b. Quellen und Medien für die Projektgestaltung

Büchner, G.: Dantons Tod. In: ders.: Gesammelte Werke. München o. J., S. 7ff.

Effensperger, E.: Es lebe der Sport ... ?! Texte zu einem beliebten Thema. Stuttgart 1984.

Fendrich, R.: LP „Zwischen eins und vier“. Phonogram 1982. 0060.565.

Fendrich, R.: Es lebe der Sport. In: Ordner (Hrsg.): Beruf Sportler. Frankfurt/M. 1984.

Freud, S.: Neue Folge der Vorlesungen zur Einführung in die Psychoanalyse. Frankfurt/M. 1980, S. 68ff.

Gandhi, M. K.: Freiheit ohne Gewalt. Klostermeier, K. (Hrsg.). Köln 1968.

Gordon, Th.: Lehrer-Schüler-Konferenz. Wie man Konflikte in der Schule löst. Reinbek 1981, S. 187ff.

Hentig, H.v.: Frieden. Stuttgart, Berlin 1967, S. 34ff.

Hiroshima – Erinnern und Verdrängen. Video-Film. FWU München 1992, 4200723.

Kant, I.: Grundlegung zur Metaphysik der Sitten. In: ders. Werke. Bd. 6. Weischedel, W. (Hrsg.). Darmstadt 1968.

King, M. L.: Freiheit. München 1968.

Kleist, H.v.: Michael Kohlhaas. Stuttgart 1970.

Kliebisch, U.: Psycho-Spiele. Entspannung – Konzentration. Ein Trainingsbuch für Schule, Jugendarbeit und Erwachsenenbildung. Baltmannsweiler 1997.

Kliebisch, U.; Wach, J.: AIDS-Prophylaxe im pädagogischen Alltag. Ein Projekt für Schülerinnen und Schüler einer Jahrgangsstufe 10. In: Kliebisch, U. u. a.: AIDS – eine Herausforderung zum ganzheitlichen Denken. (Ganzheitliches Lehren und Lernen Bd. 3) Bochum 1994, S. 5ff.

Lischke, G.: Gewalt in den Massenmedien – Zu psychologischen Theorien der Medienwirkung. In: Furian, M. (Hrsg.): Kinder und Jugendliche im Spannungsfeld der Massenmedien. 2. Aufl. Stuttgart 1977, S. 31ff.

Lorenz, K.: Das sogenannte Böse. Zur Naturgeschichte der Aggression. 11. Aufl. München 1984.

Mao Tse-Tung: Worte des Vorsitzenden Mao Tse-Tung. Peking 1967.

Marx, K.: Die Frühschriften. Landshut, S. (Hrsg.). Stuttgart 1968.

Melodien zwischen Tag und Traum. Musik zum Entspannen. Delta Music 1991. 69458 8.

Milgram, St.: Das Milgram-Experiment. Zur Gehorsamsbereitschaft gegenüber Autorität. Reinbek 1983.

Müller, E.: Phantasie und Märchenreisen. Autogenes Training in Vorlesegeschichten. Geschichten zum Entspannen, Erholen und Träumen. Frankfurt/M. 1983.

Müller, E.: Hilfe gegen Schulstreß. Übungsanleitung zu Autogenem Training, Atemgymnastik und Meditation für Kinder und Jugendliche. Reinbek 1984.

Müller, E.: Auf der Silberstraße des Mondes. Autogenes Training mit Märchen zum Entspannen und Träumen. Frankfurt/M. 1989.

Musik zur Entspannung. Blue Flame 1989. 62398.3.

A Scenic Harvest from the Kingdom of Pain. Video-Film. Survival Research Laboratories. Köln 1984.

Schweitzer, A.: Die Ehrfurcht vor dem Leben. Erste öffentliche Darlegung. Aus der Predigt zu St. Nicolai zu Straßburg am 23. Februar 1923. In: ders.: Die Lehre von der Ehrfurcht vor dem Leben. Grundtexte aus fünf Jahrzehnten. Im Auftrag des Verfassers. Bähr, H. W. (Hrsg.). 2. Aufl. München 1976, S. 32ff.

Silent Feelings. Musik zur Entspannung. Blue Flame 1992. 78104 7.

Vopel, K. W.: Interaktionsspiele 1–6. Hamburg 1978ff.

Vopel, K. W.: Interaktionsspiele für Jugendliche 1–4. Hamburg 1981ff.

Zwerenz, G.: Nicht alles gefallen lassen. In: ders. Schulbuchgeschichten. Frankfurt/M. 1972, S. 7ff.

Raum für eigene Notizen und weitere Literatur

4. Zweites Projektbeispiel: Verantwortliches Handeln

> „Und wie, wenn die neue Art menschlichen Handelns bedeuten würde, daß mehr als nur das Interesse 'des Menschen' allein zu berücksichtigen ist – daß unsere Pflicht sich weiter erstreckt und die anthropozentrische Beschränkung aller früheren Ethik nicht mehr gilt? Es ist zumindest nicht mehr sinnlos, zu fragen, ob der Zustand der außermenschlichen Natur, die Biosphäre als Ganzes und in ihren Teilen, die jetzt unserer Macht unterworfen ist, eben damit ein menschliches Treugut geworden ist und so etwas wie einen moralischen Anspruch an uns hat – nicht nur um unseretwillen, sondern auch um ihrer selbst willen und aus eigenem Recht."
>
> (Jonas, 1984, 29)

In diesem Kapitel

* stellen wir Ihnen zwei für unterschiedliche Altersstufen konzipierte Projekte zum Thema „Verantwortliches Handeln" vor.
* erhalten Sie als Leiter durch eine Checkliste einige Hilfen dafür, angemessen zu begründen, wie Sie eine entsprechende Veranstaltung planen und durchführen sollten.
* können Sie am Ende in einem ausführlichen Verzeichnis nachlesen, welche Quellen und Medien für die Gestaltung der Projektbausteine verwendet wurden und welche Literatur zum Thema für Sie als Unterrichtenden dabei von Interesse ist.

4.1. Thematische Einführung: Moralische Rechtfertigung von Handlungen

Die Notwendigkeit, zu handeln und dabei Verantwortung zu übernehmen, begegnet uns allen jeden Tag aufs neue und nicht selten als schwerwiegendes Problem; Kinder und Jugendliche erfahren diesen Zwang zur Rechtfertigung eigenen Tuns nicht allein dann, wenn sie dafür – meist von Erwachsenen – zur Rechenschaft gezogen werden, sondern müssen sich ebenso damit auseinandersetzen, wenn sie über Vermittlungsprozesse an Schule und Universität etwa mit aktuellen ethischen Fragestellungen konfrontiert werden:

- Was heißt angemessenes Handeln, wenn es darum geht zu entscheiden, ob ein Embryo – wie vor einiger Zeit in Erlangen – im Leib einer hirntoten Mutter heranwachsen soll?
- Wer übernimmt die Verantwortung dafür, wenn eine Frau unter Berufung auf die sogenannte soziale Indikation und im Anschluß an eine verpflichtende Beratung die legitime Möglichkeit erhält, ihre Leibesfrucht abtreiben zu lassen?
- Wer steht mit seinem Gewissen dafür gerade, wenn gefordert wird, Sterbehilfe solle straffrei und nach Möglichkeit von seiten der Ärzte durch eine eigens dafür zu schaffende Position in der Gebührenordnung auch abrechnungsfähig werden?
- Wie ist moralisch zu beurteilen, daß Kinder ihre Eltern und Lehrer, Erwachsene ihre Partner, Freunde und das Finanzamt belügen, wenn es darauf ankommt, sein eigenes Gesicht möglichst nicht zu verlieren?
- Wer übernimmt die Verantwortung dafür, daß wir alle mit einer Unmenge von Müll und Abgasen unsere natürliche Umwelt nach wie vor in großem Ausmaß schädigen und Gefahr laufen, uns damit mittelfristig selbst zu vernichten?
- Wie lassen sich überzeugend die Grenzen ausmachen, die die genetische Forschung nicht überschreiten darf, um ihr Anliegen, sich als dem Menschen dienliches Werkzeug zu begreifen, auch langfristig glaubhaft vertreten zu können?
- Wie kann ich in einer Weise mit meiner Freundin oder meinem Freund umgehen, so daß wir uns beispielsweise auch in Konfliktsituationen verstehen und miteinander verantwortungsbewußt umzugehen lernen?
- Gibt es eine plausible Möglichkeit, ethisch zu begründen, daß es als ein Gebot der Nächstenliebe zu gelten hat, sich mit seinen in Not geratenen Mitmenschen zu solidarisieren und ihnen nach besten Kräften zu helfen?

Probleme wie die oben knapp angedeuteten beschäftigen die Heranwachsenden in zum Teil beachtlichem Ausmaß und sie stellen zugleich fest, daß in ihrem gesellschaftlichen Umfeld allenthalben verschiedene Antworten auf die jeweils zur Diskussion stehende ethische Grundfrage „Was sollen wir tun?“ zur Verfügung stehen und es sich von daher bisweilen als äußerst schwierig erweist, zu einem moralisch begründeten Urteil zu kommen, das nicht prinzipiell alle Türen offenhält.

Erfahrungsgemäß lernen die Heranwachsenden, wenngleich meist nur intuitiv, daß die ihnen begegnenden und zum Teil im Tenor sehr voneinander abweichenden Bewertungen der einzelnen Phänome dadurch zustande kommen, daß die Beurteilenden sich unterschiedlicher Rechtfertigungsprinzipien bedienen, wodurch zwar der Eindruck einer immanenten Schlüssigkeit der jeweiligen Position aufrechterhalten, zugleich aber ebenso deutlich ein diametraler Gegensatz zu anderen Einschätzungen desselben Sachverhalts aufgebaut wird.

In grundlegender Weise trägt in aller Regel zu der angedeuteten Widersprüchlichkeit vor allem bei, daß vielfach mehrere der gängigen ethischen Legitimationsmuster – wie das theologische, egoistische, utilitaristische oder deontologische Prinzip – mehr oder weniger gleichzeitig auf einen Beurteilungsgegenstand hin angewandt werden und dadurch die jeweiligen Auffassungen nach außen oftmals willkürlich und mitunter völlig konzeptionslos erscheinen (s. a. Abb. 15).

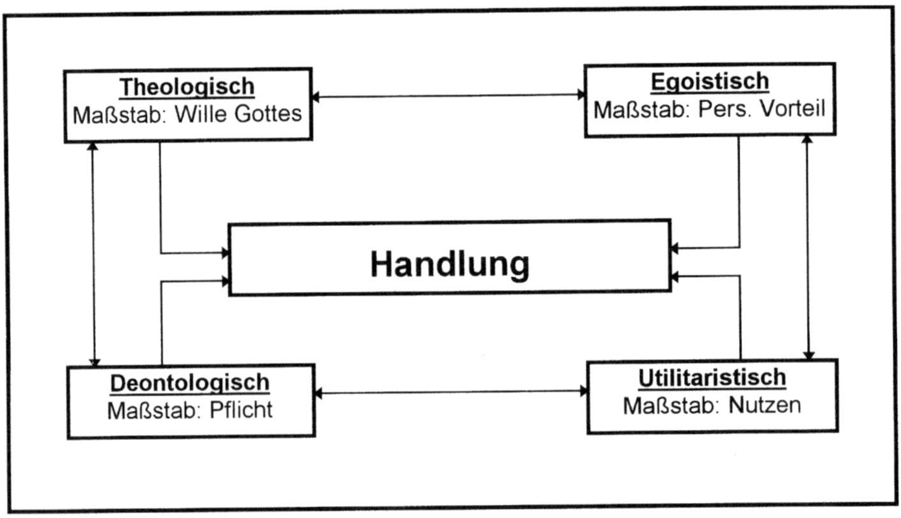

Abb. 15 Ethische Rechtfertigungsprinzipien

Für die Heranwachsenden ist in diesem Zusammenhang vielfach hilfreich zu erkennen, daß der Versuch, die Argumente, die aus der Sicht der jeweils einen oder anderen der genannten Rechtfertigungsstrategien bezüglich der gerade anstehenden ethischen Problematik zu formulieren sind, im kommunikativen Vollzug eines rationalen Diskurses auf ihre tatsächliche Tragfähigkeit und damit Praktikabilität hin zu überprüfen und bei dieser Gelegenheit – soweit wie möglich! – mehrheitsfähig zu machen, eine durchaus bedenkenswerte – wenngleich in mancher Hinsicht zweifellos auch problematische, da in der Praxis aufgrund der verschiedensten Machtansprüche und Interessen wahrscheinlich oftmals nur im Ansatz realisierbare – Vorgehensweise repräsentiert, um der erwähnten Widersprüchlichkeit und (vermeintlichen) Willkür, was die moralische Rechtfertigung von Handlungen angeht, zumindest in gewissem Umfang wirksam entgegenzutreten (s. a. Abb. 16).

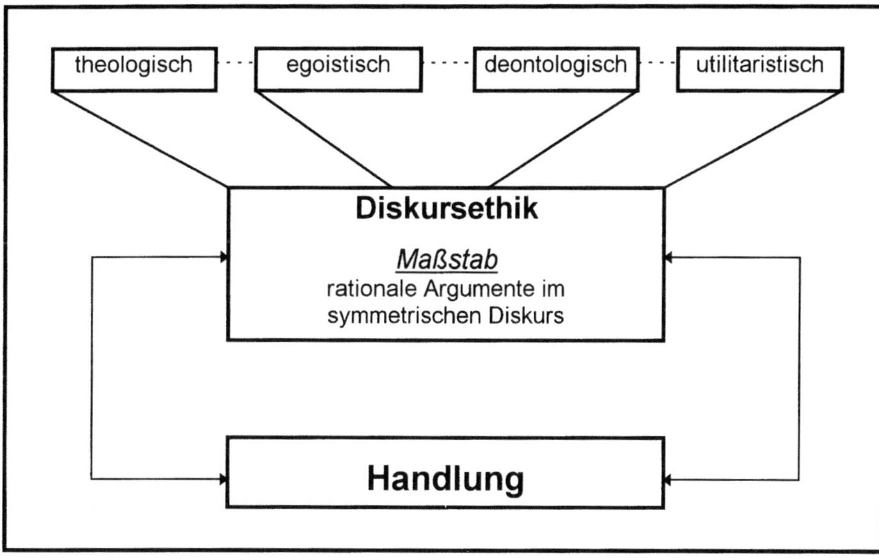

Abb. 16 Die Diskursethik

Die fortlaufende Konfrontation der Jugendlichen mit Entscheidungsprozessen, die sie entweder selbst betreffen und/oder gesamtgesellschaftliche Relevanz erlangen, sowie die erforderliche Begegnung mit den mitunter scharfen Bruchstellen zwischen Handeln und Verantworten, bedingt durch die Erfahrung, daß nicht jedes Tun gleichsam fugenrein zu legitimieren ist und meist unterschiedliche Begründungsmuster zur Rechtfertigung von Handlungen zur Verfügung stehen, stellen eine ausgezeichnete Voraussetzung dafür dar, die Probleme des verantwortlichen Handelns ausführlicher im Rahmen eines Projekts zu behandeln.

Die Heranwachsenden erhalten hier – altersspezifisch ausgerichtet – die Möglichkeit, sich nicht nur im Sinne konkreter Wissenserweiterung und also rational eingehend mit ihnen bislang noch nicht vertrauten Rechtfertigungsprinzipien und den dahinterstehenden Menschenbildern zu beschäftigen, sondern ihnen wird zugleich auch die Chance geboten, die neu erworbenen Kenntnisse mit ihren persönlichen Erfahrungen in Zusammenhang zu bringen und dergestalt – in einem weiteren Schritt – auf ihre Praxistauglichkeit hin zu überprüfen, was sich freilich nicht allein retrospektiv vollzieht, da hierfür ebenso das geistige Vorwegnehmen potentieller, in der Zukunft begegnender Situationen erforderlich ist, wodurch gleichermaßen ein emotionales Betroffensein vorgezeichnet und ein damit verbundener ganzheitlicher Zugang zum Thema eröffnet wird.

Im folgenden stellen wir Ihnen – analog zu dem Vorgehen in Kapitel 3 – wiederum zwei konkrete Projektverläufe vor, die jeweils für Schüler bzw. Studenten unterschiedlichen Alters entwickelt worden sind: Die eine Veranstaltung richtet sich vorzugsweise an Teilnehmer im Alter von etwa 10 bis 15 Jahren, die andere ist für Lernende ab ungefähr 16 Jahren konzipiert worden. Durch die auf diese Weise angestrebte Differenzierung vor dem Hintergrund einer durchaus unterschiedlichen Komplexität der ausgewählten inhaltlichen Schwerpunkte werden gleichzeitig auch zwei unterschiedliche Zugangsweisen zur Sache selbst repräsentiert, was für den Unterrichtenden grundsätzlich zweifellos eine vielfältigere thematische Orientierung ermöglicht.

Um auch bei der Anlage dieser Projekte der im üblichen Unterricht bzw. Seminar nach wie vor oftmals vorherrschenden Segmentierung der inhaltlichen Gesichtspunkte vorzubeugen und statt dessen im Sinne des von uns vertretenen ganzheitlich orientierten pädagogischen Konzepts den Systemgedanken stärker ins Spiel zu bringen, haben wir auch hier dafür gesorgt, daß im Rahmen der Verlaufsskizzen stets Inhalte mehrerer Fachrichtungen methodisch-didaktisch zur Geltung gebracht werden (s. u. Abb. 17), wobei allerdings erneut auch auf subjektiv begründete Vorlieben und Gewichtungen keinesfalls verzichtet worden ist.

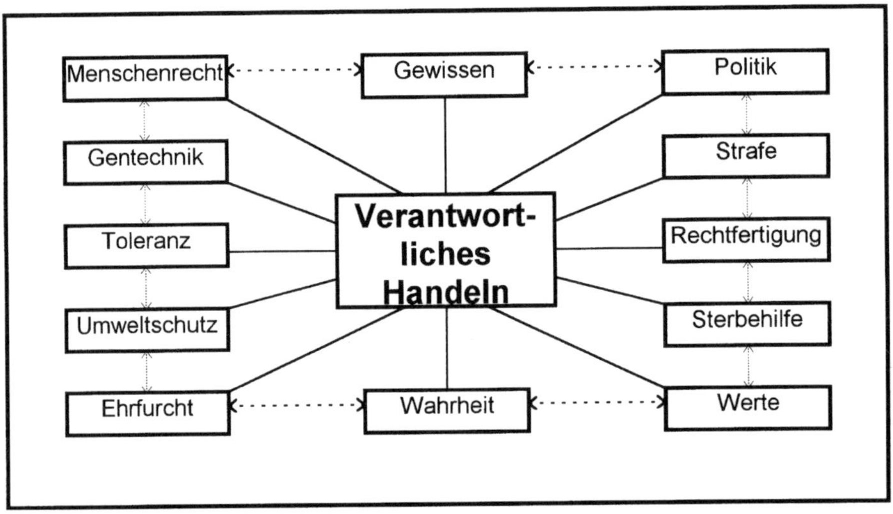

Abb. 17 Thematische Vernetzung: „Verantwortliches Handeln“

Was die Umsetzbarkeit der Projektbausteine innerhalb des zeitlichen Rahmens nur jeweils einer einzigen Veranstaltung angeht, so muß, was sich freilich von selbst versteht, betont werden, daß hierbei immer dann – mitunter beachtliche – Schwierigkeiten auftreten können, wenn die im ganzen zur Verfügung stehende Zeit erheblich von der Summe der für die einzelnen Elemente veranschlagten Dauer abweicht. Eine solche Erfahrung hat jedoch keineswegs zwangsläufig zur Folge, daß die Realisierbarkeit des Projekts selbst dadurch prinzipiell in Frage gestellt sein muß; vielmehr soll an dieser Stelle noch einmal besonders hervorgehoben werden, daß es ohne weiteres möglich erscheint, aus den nachfolgenden Katalogen von Projektbausteinen das eine oder andere Element herauszunehmen, ohne daß dadurch die Grundstruktur der Veranstaltung – die inhaltliche Vernetzung der thematischen Aspekte – (wesentlich) beeinträchtigt wird.

Die Konzeption unserer Projektvorschläge ist mithin als eine Art von Material-und-Medien-Steinbruch zu verstehen, mit dessen Hilfe ein Angebot unterbreitet wird, das nach den jeweils herrschenden Bedürfnissen und Interessen auch individuell verändert werden kann, allerdings nur so lange, wie dabei die beiden hier vertretenen wesentliche Prinzipien der Ganzheitlichkeit – systemisches Denken und rational-emotive Einheit – nicht aus den Augen verloren werden. Werden diese Basisüberlegungen hinreichend beachtet, sind im Rahmen der erwähnten potentiellen inhaltlichen Modifikationen der Veranstaltungen demnach nicht nur das Weglassen von Bausteinen, sondern sicher ebenso das Hinzufügen von Elementen und – zumindest in Teilen – ebenso eine Neuorganisation des Projektablaufs selbst denkbar, ohne daß ein solches Vorgehen dem pädagogischen Grundanliegen widersprechen müßte.

4.2. Checkliste zum Projekt

Im folgenden Abschnitt (Kap. 4.3.) stellen wir Ihnen – alphabetisch geordnet – alle von uns zum Thema „Verantwortliches Handeln" verwendeten Projektbausteine vor; dannach zeigen wir Ihnen zwei konkrete Beispiele für die Anordnung der Bausteine im Rahmen von Projekten für Teilnehmer unterschiedlichen Alters (Kap. 4.4. und 4.5.).

Bevor Sie sich aber der inhaltlichen Umsetzung der entsprechenden Veranstaltungen zuwenden, sollten Sie sich ausführlich der in diesem Kapitel abgedruckten Checkliste widmen, die Ihnen helfen soll, bei Ihren Bemühungen vor allem auch die Fragen nicht aus dem Blick zu verlieren, die stets im Vorfeld eines Projekts zu klären sind. Zur weiteren Vertiefung dieses Aspekts können Sie an dieser Stelle auch auf die entsprechende Liste in Kapitel 3.2. zurückgreifen, die mit der hier vorliegenden in wesentlichen Teilen übereinstimmt.

Checkliste

- Beginnen Sie mit der Planung der jeweiligen Projektangebote möglichst langfristig vor dem eigentlichen Veranstaltungstermin (mindestens 3 Monate vorher!).
- Überlegen Sie rechtzeitig, ob Sie eine Gelegenheit finden, das Projekt möglicherweise außerhalb des Schul- oder Hochschulrahmens in einer geeigneten Tagungs- oder Bildungsstätte durchzuführen.
- Beziehen Sie möglichst von Beginn an die Schülerinnen und Schüler bzw. Studentinnen und Studenten, mit denen Sie das Projekt gestalten wollen, mit in die organisatorische und inhaltliche Vorbereitung ein.

- Wenn Sie die Veranstaltung außerhalb der Schule oder Universität durchführen wollen, informieren Sie die späteren Teilnehmerinnen und Teilnehmer rechtzeitig über die für sie entstehenden Kosten (Unterbringung, Verpflegung, Anfahrt ggf. mit dem Bus), und stellen Sie bei dieser Gelegenheit fest, ob die Finanzierung gesichert ist.
- Finden Sie möglichst rasch heraus, welche Ihrer Kolleginnen und Kollegen unter welchen Umständen bereit wären, sich an der Vorbereitung und Durchführung des Projekts zu beteiligen, und beziehen Sie sie unter Berücksichtigung ihrer Wünsche von Anfang an in die Planung ein.
- Entwickeln Sie auf dem Hintergrund der Ihnen in den Kapiteln 4.3. bzw. 4.4. und 4.5. angebotenen Bausteine unter Beteiligung der interessierten Kolleginnen und Kollegen sowie Schülerinnen und Schüler bzw. Studentinnen / Studenten, für die das Projekt geplant ist, eine grobe – vorläufige – Verlaufsskizze der späteren Veranstaltung, aus der mindestens folgendes hervorgehen sollte:
  a) die Anzahl der Tage, die die Veranstaltung dauern soll;
  b) der Umfang der vorgesehenen Arbeitszeiten;
  c) die verwendeten Projektelemente (s. Kap. 4.3., 4.4. und 4.5.);
  d) die Aufteilung der einzelnen Teilnehmergruppen und ihre Stärke;
  e) methodische Hinweise auf Einzel-, Partner-, Gruppenarbeitsphasen usw.;
  f) die Namen der jeweiligen Durchführenden und
  g) ggf. sonstige Informationen
- Entwickeln Sie ggf. bereits zu diesem Zeitpunkt eine genauere Zeitstruktur für die Veranstaltung und ordnen Sie die zu verwendenden Projektbausteine in diese Zeitstruktur ein. Überprüfen Sie bei dieser Gelegenheit, ob die bei den jeweiligen Projektbausteinen angegebenen Zeitrahmen problemlos auf Ihre Verhältnisse zu übertragen sind. Berücksichtigen Sie bei Ihren Überlegungen insbesondere das Alter der Teilnehmer und die jeweilige Gruppenstärke, aber auch die möglichen inhaltlichen Schwerpunkte, die Sie im Einzelfall setzen wollen.
- Bemühen Sie sich anschließend um eine Genehmigung der Veranstaltung in der von Ihnen vorgesehenen Form bei Ihrem Chef: Berücksichtigen Sie dabei in jedem Fall die sich aus der erarbeiteten Verlaufsskizze ergebenden Notwendigkeiten sowie ihre Vorüberlegungen bezüglich einer möglichen Tagungsstätte außerhalb der Schule oder Universität.
- Nach der Genehmigung der Veranstaltung teilen Sie den potentiellen Interessenten frühzeitig den genauen Termin und den Ort mit, an dem das Projekt stattfinden soll.
- Für den Fall, daß das Projekt nicht in der von Ihnen vorgeschlagenen Form genehmigt wird, sollten Sie grundsätzlich eine Planungsneuorientierung vornehmen: Dazu gehört, daß Sie sich darüber klar werden, ob es unter den gegebenen Umständen noch sinnvoll erscheint, den bisher vorgesehenen Veranstal-

tungstermin beizubehalten. In der Regel empfiehlt es sich, das Projekt zu verschieben, wenn grundlegende Veränderungen an der bisherigen Planung vorgenommen werden müssen. Nur so können Sie vermeiden, daß schon in der Anfangsphase erhebliche Belastungen auf alle Beteiligten zukommen.

- Soweit das Projekt genehmigt ist und Sie es nicht in der Schule oder Universität durchführen, fertigen Sie für die potentiellen Teilnehmerinnen und Teilnehmer eine Erklärung an, in der sie ihre Teilnahme an der geplanten Veranstaltung verbindlich zusagen und zugleich geregelt wird, wie die Zahlung der Kosten abgewickelt werden soll.
- Lassen Sie sich in jedem Falle, um spätere Rechtsunsicherheiten zu vermeiden, von den Schülerinnen / Schülern oder Studentinnen / Studenten formell schriftlich mit der Vorbereitung des Projekts beauftragen. Dieser Punkt ist besonders wichtig dann, wenn Sie ein Projekt mit Minderjährigen außerhalb der jeweiligen Bildungseinrichtung vorhaben. Lassen Sie sich in diesem Zusammenhang von den Eltern Minderjähriger auch bescheinigen, daß Sie als Veranstaltungsleiter berechtigt sind, die Jugendlichen stundenweise unbeaufsichtigt zu lassen und ggf. auch nach Hause zu schicken, wenn sie erheblich gegen von Ihnen getroffene Regelungen verstoßen.
- Teilen Sie den späteren TeilnehmerInnen bzw. deren Eltern die von Ihnen für wichtig gehaltenen Regeln – beispielsweise im Blick auf den Konsum von Nikotin, Alkohol oder die Nachtruhe – ebenfalls schriftlich mit und lassen Sie sich die Kenntnisnahme durch Unterschrift bestätigen.
- Buchen sie, nachdem Sie von den potentiellen Projektteilnehmerinnen und -teilnehmern die entsprechende schriftliche Erklärung erhalten haben und soweit Sie das Projekt nicht in der (Hoch-)Schule durchführen wollen, die erforderliche Zahl von Zimmern in dem ausgewählten Tagungshaus und mieten Sie, falls erforderlich, ggf. einen Bus an.
- Organisieren Sie anschließend die weitere inhaltliche und formale Vorbereitung des Projekts – soweit möglich – unter ständiger Einbeziehung der späteren Teilnehmer und derjenigen Kollegen, die sich hierbei beteiligen wollen.
- Überlegen Sie in inhaltlicher Hinsicht, wann Sie selbst in letzter Zeit mit dem Thema „Verantwortliches Handeln" konfrontiert worden sind. Stellen Sie fest, in welcher Weise genau Sie dadurch betroffen gemacht worden sind und welche Möglichkeiten daraus für Sie erwachsen, Ihre eigene Beziehung zum Thema in die Projektgestaltung einzubringen.
- Stellen Sie fest, was für Sie selbst an dem Themenbereich „Verantwortliches Handeln" interessant erscheint und warum. Gehen Sie mit diesen Überlegungen in das weitere Gespräch mit den Beteiligten.
- Versuchen Sie herauszufinden, ob die Thematik „Verantwortliches Handeln" derzeit als aktuell gilt oder nicht. Bemühen Sie sich festzustellen, ob es ggf. be-

Aspekte des Problembereichs sind, die im Augenblick allgemein diskutiert werden (z. B. „Verantwortung und Gentechnik" oder „Verantwortung und Umwelt" usw.) und inwieweit es für Sie möglich erscheint, diese Gesichtspunkte mit in Ihre weiteren Vorbereitungen einzubeziehen.

- Ermitteln Sie das Interesse von SchülerInnen und StudentInnen in bezug auf das Thema. Besprechen Sie unter Umständen mit den Lernenden, welche Aspekte aus Ihrer Sicht für die Projektgestaltung von Interesse sind und daher unbedingt in die Arbeit einbezogen werden sollten.
- Wenn Sie dies möglich machen können, sollten Sie versuchen, die vorab beschriebenen thematischen Aspekte bereits in jene Gespräche einzubeziehen, die Sie vor der Veranstaltungsgenehmigung führen. Es ist aber auch problemlos, wenn Sie erst an diesem Punkt der Planung hierauf genauer eingehen.
- Suchen Sie nach Möglichkeiten, erfahrungsnahes Lernen anzubieten, indem Sie beispielsweise auf verantwortliches oder verantwortungsloses Handeln in Ihrem näheren Umfeld eingehen, Ausstellungen oder aktuelle politische Entwicklungen als Aufhänger für die Projektarbeit heranziehen.
- Schauen Sie sich nach Experten zum Thema insgesamt bzw. zu dem einen oder anderen von Ihnen ausgewählten Projektbaustein um. Bemühen Sie sich, die Fachleute z. B. als Referenten in die Veranstaltung zu integrieren. Denken Sie auch an die Möglichkeit, eine Podiumsdiskussion mit mehreren Experten durchzuführen.
- Entwickeln Sie unter Hinzuziehung Ihrer Ergebnisse aus den vorgenannten Punkten und nochmaliger Berücksichtigung der im folgenden angebotenen Projektbausteine die endgültige inhaltliche Planung für die Veranstaltung. Informieren Sie anschließend alle verantwortlich Beteiligten darüber, an welchen Tagen, zu welchen Zeiten sie jeweils mit welchem Beitrag am Projekt teilnehmen sollen. Sorgen Sie dafür, daß diese Informationen die Betroffenen mindestens drei Wochen vor dem eigentlichen Projektbeginn erreicht.
- Gehen Sie zu diesem Zeitpunkt auf Korrekturwünsche nur noch sehr bedingt ein und verhindern Sie – wenn immer möglich! – grundlegende Veränderungen im Programmablauf.
- Soweit Sie dies für sinnvoll halten, sollten Sie zu gegebener Zeit auch in angemessener Form Werbung für Ihre Veranstaltung machen. Laden Sie ggf. das örtliche Radio und die Presse zu Reportagen und Interviews ein. Auf diesem Wege können Sie mit recht einfachen Mitteln und doch effektiv zu einer Verbreitung Ihrer Ideen beitragen.
- Falls Ihnen die Werbung im Vorfeld des Projekts nicht oder nicht hinreichend gelingt, sollten Sie dafür Sorge tragen, daß von Teilnehmerinnen oder Teilnehmern der Veranstaltung Presseberichte verfaßt werden, die Sie gegen Ende des Projekts mit der Bitte um Veröffentlichung an die zuständigen Presseorgane weiterleiten können.

Raum für eigene Notizen

4.3. Übersicht: Die Projektbausteine

In der folgenden Übersicht listen wir – in alphabetischer Reihenfolge – zum leichteren Zugriff wiederum nahezu alle Projektbausteine auf, die dann in den folgenden Abschnitten 4.4. und 4.5. im einzelnen inhaltlich und methodisch-didaktisch erläutert werden; Bausteine, die Auswertungen anderer Elemente repräsentieren, werden hierbei erneut nicht berücksichtigt. Zur besseren Orientierung finden sie neben dem Titel des jeweiligen Bausteins in Klammern zusätzlich weitere Hinweise auf

- das Kapitel, in dem der Baustein näher beschrieben wird und
- die laufende Nummer, unter der der Baustein in dem entsprechenden Kapitel aufzufinden ist.

- ✳ Achtung vor dem Leben (4.4.; 10)
- ✳ Bist du tolerant? (4.4.; 5)
- ✳ Erwartungen zum Projekt (4.4.; 1 u. 4.6.; 1)
- ✳ Ethik Albert Schweitzers (4.4.; 12)
- ✳ Gentechnik – eine ethische Herausforderung (4.5.; 4)
- ✳ Gentechnik – das manipulierte Lebensmittel(4.5.; 6)
- ✳ Gentechnik – der medizinische Aspekt (4.5.; 7)
- ✳ Gentechnik – die pränatale Diagnostik (4.5.; 5)
- ✳ Gewissen als Voraussetzung verantwortlichen Handelns (4.4.; 9)
- ✳ Interaktionsspiel „Wahlen“
- ✳ Interaktionsspiel „Werte-Handel“ (4.5.; 17)
- ✳ Interaktionsspiel „Das Mauerspiel“ (4.5.; 24)
- ✳ Lügen – moralisch verantwortbar? (4.4.; 16)
- ✳ Menschenrechte (4.5.; 23)
- ✳ Politik und Moral (4.5.; 19)
- ✳ Politiker in der Verantwortung (4.5.; 20)
- ✳ Das Problem der Vernetzung (4.5.; 11)
- ✳ Rechtfertigung von Handlungen (4.5.; 14)
- ✳ Rollenspiel „Ich brauche Deine Hilfe“
- ✳ Schreiben einer Erzählung (4.4.; 17)
- ✳ Sterbehilfe – eine ethische Herausforderung (4.5.; 3)
- ✳ Sterbehilfe – ein konkreter Fall (4.5.; 2)
- ✳ Strafe als Erziehungsmittel (4.4., 19)
- ✳ Todesstrafe – ein geeignetes Mittel? (4.4.; 20)
- ✳ Toleranz im Christentum (4.4.; 2)
- ✳ Umweltzerstörung (4.5.; 10)
- ✳ Unsere Welt (4.4.; 6)
- ✳ Utopie – der manipulierte Mensch (4.5.; 8)
- ✳ Vernetzung live – Das Müllspiel (4.5.; 12)
- ✳ Was kann ich tun? (4.4.; 8)

* Wertehierarchie (4.5.; 15)
* Wir schreiben eine Fabel (4.4.; 3)
* Wünsche (4.4.; 15)

Raum für eigene Notizen

4.4. Bausteine für 10- bis 15jährige

In diesem Kapitel stellen wir Ihnen insgesamt 20 Bausteine vor, die Sie problemlos im Rahmen einer Projektveranstaltung zum Thema „Verantwortliches Handeln" mit Schülerinnen und Schülern der Altersstufe zwischen 10 und 15 Jahren einsetzen können.

Sollten Sie das Interesse haben, einzelne der hier beschriebenen Elemente während eines Projektes mit älteren SchülerInnen oder mit Studenten bzw. Studentinnen zu verwenden, so ist dies sicherlich auch möglich. Für einen solchen Fall sollten Sie allerdings als Leiter des Seminars die didaktische Struktur der entsprechenden Bausteine nochmals auf ihre Altersgemäßheit überprüfen und vor allen Dingen mit Veränderungen in der für die Durchführung im einzelnen zu veranschlagenden Zeit rechnen.

Die Reihenfolge, in der die Bausteine hier präsentiert werden, kann in der Regel als Grundmuster für die Planung des Projektablaufs übernommen werden; allerdings lassen sich die Bausteine zweifellos ebenso sinnvoll auch auf verschiedene andere Art zusammenstellen oder ergänzen.

Nutzen Sie also den Steinbruchcharakter der Baustein-Sammlung!

---

1. Baustein: Erwartungen

Inhalt	Vorstellungen und Informationen über den Verlauf und die inhaltliche Gestaltung des Projektes
Ziel	Formulierung von Fragen, Erwartungen und Problemen hinsichtlich des Themas und des Projektverlaufes; Darstellung des Programms
Methode	Gruppengespräch
Material	---
Medien	ggf. Paper zum Projektverlauf; OH-Projektor
Dauer	ca. 20 Minuten

---

2. Baustein: Toleranz im Christenstum

Inhalt	Grundfragen der Ethik Jesu
Ziel	Verständnis des Toleranzgedankens der Bergpredigt sowie seine praktische Umsetzung

Methode	Textarbeit in Kleingruppen, Auswertung im Plenum
Material	Arbeitsblatt für Gruppenarbeit
Medien	Auszüge aus Mt. 5
Dauer	90 Minuten

3. Baustein: Wir schreiben eine Fabel

Inhalt	Wie Tiere (Menschen) Toleranz zeigen
Ziel	Emotionale Antizipation in bezug auf die Tier- und Menschenwelt; begreifen von Tolerenz als Strategie verantwortungsbewußten Handelns
Methode	Schreiben einer Fabel zum Thema „Der tolerante Fuchs“
Material	---
Medien	---
Dauer	45 Minuten

4. Baustein: Vortragen und Besprechen der Fabeln

Inhalt	Die Fabeln (siehe Baustein 3)
Ziel	Problematisierung und Vertiefung der in den Fabeln angesprochenen Gesichtspunkten; weitere Sensibilisierung für verantwortungsvolles, tolerantes Handeln
Methode	Schülervorträge; Gruppengespräch
Material	---
Medien	Schülertexte
Dauer	45 Minuten

5. Baustein: Bist du tolerant?

Inhalt	Fragebogen zur Toleranz
Ziel	Selbstwahrnehmung und -einschätzung in bezug auf die eigene Toleranzfähigkeit
Methode	Bearbeitung eines Fragebogens (ggf. vorher: gemeinsame Entwicklung eines solchen Fragebogens
Material	Fragebogen
Medien	Fragebogen „Sind Sie tolerant“ aus: Herausforderungen 1972 (s. Quellen- und Literaturverzeichnis)
Dauer	10 Minuten bzw. 45 Minuten

6. Baustein: Unsere Welt

Inhalt	Vorstellen und Gestaltung einer Traumwelt
Ziel	Wahrnehmen und reflektieren der realen Umweltsituation; Entwickeln eigener, positiver Zukunftsvorstellungen; Umsetzen dieser Vorstellung in einem gebastelten Objekt
Methode	Problematisierung und Diskussion der Fragestellung im Plenum anschließend Umsetzung der Gesprächsergebnisse und Basteln einer Traumwelt in Kleingruppen
Material	Mal- und Bastelmaterial; Gegenstände aus ihrer Umwelt
Medien	---
Dauer	90 Minuten

7. Baustein: Auswertung der Objekte

Inhalt	Die gebastelten Traumwelten (s. Baustein 6)
Ziel	Bewußtmachung und kritische Auseinandersetzung mit den in den Objekten ausgedrückten Wunschvorstellungen
Methode	Vorstellung der Traumwelten durch einen Gruppensprecher; anschließend vertiefende Aussprache im Plenum
Material	---
Medien	Schülerarbeiten
Dauer	45 Minuten

8. Baustein: Was kann ich tun?

Inhalt	Möglichkeiten, sich umweltbewußt zu verhalten
Ziel	Erkennen und Beschreiben der realen Umweltsituation; Formulieren praxisgerechter Handlungsmuster zur Vermeidung weiterer Umweltbelastungen
Methode	Brain storming in Einzelarbeit; Auswertung im Plenum; Erarbeitung von Konsequenzen in Einzelarbeit; anschließend Besprechung in der Großgruppe
Material	---
Medien	Tafel; Schülerarbeiten
Dauer	60 Minuten

9. Baustein: Gewissen als Voraussetzung verantwortlichen Handelns

Inhalt	Die Stimme des Gewissens
Ziel	Erkennen des Gewissens als moralische Instanz; Problematisierung der historisch-gesellschaftlichen Abhängigkeit der Gewissensbildung
Methode	Texterarbeitung im Plenum
Material	---
Medien	Text „Die Mutprobe“ (Karasek, 1966, s. Quellen- und Literaturverzeichnis)
Dauer	45 Minuten

10. Baustein: Achtung vor dem Leben – Collagen

Inhalt	Erstellung von Collagen zum Thema „Achtung vor dem Leben“
Ziel	Sensibilisierung für die Problematik; Erschließung von persönlichen Erfahrungen; emotionale Antizipation
Methode	Kleingruppenarbeit (ca. 3–5 Schüler)
Material	Zeitungen, Zeitschriften, Papier, Pappe DIN A1, Scheren, Stifte, Lineale, Klebematerialien
Medien	---
Dauer	60 Minuten

11. Baustein: Auswertung der Collagen

Inhalt	Vorstellung und Besprechung der angefertigten Collagen (s. Baustein 10)
Ziel	Vertreten eigener Ideen; Artikulieren persönlicher Erfahrungen mit Einschränkungen von Lebensqualität; Problematisierung eines achtenden Umgangs mit allem Lebendigen
Methode	Vortrag der Kleingruppensprecher vor dem Plenum; anschließend Aussprache in der Großgruppe
Material	Stellwände, Zeigestock oder ähnliches
Medien	Collagen
Dauer	45 Minuten (bei 5 Gruppen)

12. Baustein: Ethik Albert Schweitzers

Inhalt	„Ehrfurcht vor dem Leben“ als ethisches Prinzip
Ziel	Erkennen und Verstehen der Schweitzerschen Ethik; Problematisierung und kritische Würdigung der daraus resultierenden Handlungskonsequenzen
Methode	Erarbeitung des Textes unter Leitfragen in Kleingruppen; anschließend Auswertungsgespräch im Plenum
Material	---
Medien	Text „Ehrfurcht vor dem Leben“ (Schweitzer, 1976; s. Quellen- und Literaturverzeichnis)
Dauer	45 Minuten

13. Baustein: Rollenspiel (Erarbeitung) „Ich brauche Deine Hilfe“

Inhalt	Das Problem von Hilfeleistungen in unserer Gesellschaft
Ziel	Wahrnehmung von Hilfsbedürftigkeit (alte bzw. kranke Menschen, Behinderte, Randgruppen)
Methode	Erstellung von Drehbüchern in Kleingruppen zu selbstgestellten Themen
Material	---
Medien	---
Dauer	90 Minuten

14. Baustein: Rollenspiel (Vorführung und Auswertung)

Inhalt	Szenische Darstellung der Arbeitsergebnisse (s. Baustein 13)
Ziel	Rollenspiel vor der Gruppe. Verstehen und Problematisieren der vorgestellten Handlungsmuster. Transfer auf Alltagssituationen
Methode	Rollenspiele mit anschließender Auswertung
Material	---
Medien	Drehbücher
Dauer	60 Minuten

15. Baustein: Wünsche

Inhalt	Erwartungen an andere
Ziel	Bewußtmachen eigener Wünsche und Bedürfnisse; Artikulation von Erwartungen an das Verhalten anderer Menschen; besseres Kennenlernen
Methode	Partnerarbeit zur Frage „Was wünsche ich mir von anderen?"; anschließend Vorstellung der Ergebnisse im Plenum
Material	---
Medien	Arbeitsblatt
Dauer	45 Minuten

16. Baustein: Lügen – moralisch verantwortbar?

Inhalt	Bedeutung von Wahrheit
Ziel	Verstehen und Beschreiben des Gegensatzes von Wahrheit und Lüge; Problematisieren der Funktion von Notlügen; Überlegungen zum praxisgerechten Handeln
Methode	Textarbeit mit anschließender Auswertung im Plenum
Material	---
Medien	Text „Lüge – Wahrheit" (Wölfel, o.J.; s. Quellen- und Literaturverzeichnis)
Dauer	45 Minuten

17. Baustein: Schreiben einer Erzählung

Inhalt	Problem der Notlüge
Ziel	Sensibilisierung für die Funktion von Notlügen; emotionale Antizipation der Situation des Lügners und des Belogenen; Gestaltung des Problems als selbsterfundene Geschichte
Methode	Schreiben von Geschichten in Einzelarbeit
Material	---
Medien	---
Dauer	45 Minuten

18. Baustein: Vorlesen und Auswertung der Erzählung

Inhalt	Problem der Notlüge
Ziel	Vorstellen der selbsterfundenen Geschichten (s. Baustein 17); Erkennen und Problematisieren der darin enthaltenen Handlungsmuster; Transfer auf Alltagssituationen
Methode	Einzelvortrag der Geschichten mit anschließender Besprechung
Material	---
Medien	Selbsterfundene Geschichten
Dauer	60 Minuten

19. Baustein: Strafe als Erziehungsmittel

Inhalt	Das Problem verantwortungsbewußter Bestrafung
Ziel	Erinnern und Bewerten von Situationen, in denen man selbst bestraft wurde; Verstehen des notwendigen Zusammenhangs von Tat und Bestrafung
Methode	Gespräch über eigene Erfahrungen
Material	---
Medien	---
Dauer	30 Minuten

20. Baustein: Todesstrafe – ein geeignetes Mittel?

Inhalt	Das Problem der Vergeltung
Ziel	Sensibilisierung für den Sinn gesellschaftlicher Strafe; Erkennen des strukturellen Unterschiedes von Todesstrafe und lebenslanger Haft
Methode	Diskussion im Plenum
Material	---
Medien	Text „Der Mensch stumpft ab" (Michaely. In: Das neue Kursbuch 9/10. 1988; s. Quellen- und Literaturverzeichnis)
Dauer	45 Minuten

Raum für eigene Bausteine und Notizen

4.5. Bausteine für Jugendliche ab 16 Jahren

In diesem Kapitel stellen wir Ihnen weitere 25 Bausteine vor, die Sie vor allen Dingen aufgrund ihres jeweiligen Anspruchsniveaus in erster Linie im Rahmen von Projekten zum Thema „Verantwortliches Handeln" mit Schülerinnen und Schülern umsetzen sollten, die mindestens 16 Jahre alt sind, sich also in der Sekundarstufe II befinden. Ebenso lassen sich diese Elemente für Veranstaltungen mit Studentinnen und Studenten nutzen.

Sollten Sie das Interesse haben, einzelne der hier beschriebenen Elemente während eines Projektes mit jüngeren SchülerInnen zu verwenden, so ist dies sicherlich im Einzelfall auch möglich. Dabei sollten Sie allerdings als Leiter des Seminars die didaktische Struktur der entsprechenden Bausteine nochmals auf ihre Altersgemäßheit überprüfen und vor allen Dingen mit Veränderungen in der für die Durchführung im einzelnen zu veranschlagenden Zeit rechnen.

Die Reihenfolge, in der die Bausteine hier präsentiert werden, kann in der Regel als Grundmuster für die Planung des Projektablaufs übernommen werden; allerdings lassen sich die Bausteine zweifellos ebenso sinnvoll auch auf verschiedene andere Art zusammenstellen oder ergänzen.

Nutzen Sie also den Steinbruchcharakter der Baustein-Sammlung!

---

1. Baustein: Erwartungen

Inhalt	Vorstellungen und Informationen über den Verlauf und die inhaltliche Gestaltung des Projektes
Ziel	Formulierung von Fragen, Erwartungen und Problemen hinsichtlich des Themas und des Projektverlaufes; Darstellung des Programms
Methode	Gruppengespräch
Material	---
Medien	ggf. Paper zum Projektverlauf; OH-Projektor
Dauer	ca. 20 Minuten

---

2. Baustein: Sterbehilfe – ein konkreter Fall

Inhalt	Annäherung an das Problem der Euthanasie
Ziel	Emotionale Antizipation einer zum Tod führenden Krankheit; Erleben des Handlungsdilemmas; erste Überlegungen zu möglichen Handlungsalternativen

Methode	Textlektüre und Besprechung
Material	---
Medien	Text „Karen Ann – leben oder in Würde sterben lassen?“ (1977; s. Quellen- und Literaturverzeichnis)
Dauer	45 Minuten

3. Baustein: Sterbehilfe – eine ethische Herausforderung

Inhalt	Theologische, medizinische, philosophische und juristische Aspekte der Sterbehilfe
Ziel	Klärung und Reflexion gängiger Normen und Regeln; Überprüfung auf Praktikabilität
Methode	Arbeitsteilige Gruppenarbeit der verschiedenen Aspekte; anschließend Vortrag und Diskussion der Ergebnisse im Plenum
Material	---
Medien	Texte aus Bensch / Trutwin (1977), Birnbacher (1986), Eibach (1988) (s. Quellen- und Literaturverzeichnis)
Dauer	90 Minuten

4. Baustein: Gentechnik – eine ethische Herausforderung

Inhalt	Die biologische Implikationen der Gentechnik und die daraus resultierenden Fragestellungen
Ziel	Darstellung des Ablaufs gentechnischer Maßnahmen und mögliche Anwendungsbereiche; Sensibilisierung für die sich ergebenen ethischen Probleme
Methode	Schülerreferate („Grundlage der Vererbungslehre“, „Möglichkeiten der gentechnischen Manipulation“); anschließend Diskussion der ethischen Implikationen im Plenum
Material	---
Medien	Auszüge aus: Ditfurth (1987), Eibach (1986) u. Von der Würde menschlichen Lebens (1986; s. Quellen- und Literaturverzeichnis)
Dauer	90 Minuten

5. Baustein: Gentechnik – die pränatale Diagnostik

Inhalt	Möglichkeiten der Gentechnik im Bereich der pränatalen Diagnostik
Ziel	Darstellung von Möglichkeiten und Grenzen des Einsatzes gentechnologischer Maßnahmen in der vorgeburtlichen Diagnostik; Erkennen, Problematisieren und Erörtern der ethischen Dimension
Methode	Texterarbeitung und Plenumsgespräch
Material	---
Medien	Eibach (1986; s. Quellen- und Literaturverzeichnis)
Dauer	90 Minuten

6. Baustein: Gentechnik – das manipulierte Lebensmittel

Inhalt	Möglichkeiten der Nahrungsmittelmanipulation
Ziel	Darstellung der Möglichkeiten und Grenzen der gentechnischen Manipulation von Nahrungsmitteln; Erkennen der ökonomischen Bedeutung; Erörterung der gesundheitlichen Risiken und der ethischen Konsequenzen
Methode	Textarbeit und Diskussion im Plenum
Material	---
Medien	Eibach (1986; s. Quellen- und Literaturverzeichnis)
Dauer	90 Minuten

7. Baustein: Gentechnik – der medizinische Aspekt

Inhalt	Möglichkeiten der Gentechnik im medizinischen Bereich
Ziel	Darstellung der Möglichkeiten, Krankheiten zu heilen, Medikamente gentechnisch herzustellen; Problematisierung und Diskussion der These „Gentechnik – eine Einmischung in Gottes Schöpfung“
Methode	Textarbeit und Diskussion
Material	---
Medien	Eibach (1986; s. Quellen- und Literaturverzeichnis)
Dauer	90 Minuten

8. Baustein: Utopie – der manipulierte Mensch

Inhalt	Vertiefung der potentiellen Auswirkungen gentechnischer Maßnahmen am Menschen
Ziel	Verdeutlichung der Möglichkeiten, Menschen nach menschlichen Vorstellungen zu bauen; kreative Umsetzung der denkbaren Gefahren
Methode	Collage in Kleingruppen
Material	Bilder aus Zeitungen und Zeitschriften, Pappe DIN A1, Mal-, Zeichen- und Klebematerial
Medien	---
Dauer	60 Minuten

9. Baustein: Auswertung der Collagen

Inhalt	Vorstellung und Besprechung der angefertigten Collagen
Ziel	Verarbeitung der Vorgaben der Gentechnik; Artikulation persönlicher Vorstellungen und gesellschaftlicher Risiken des genmanipulierten Zukunftsmenschen; Problematisierung der möglichen individuellen und gesellschaftlichen Konsequenzen
Methode	Vortrag der Kleingruppensprecher; anschließend Aussprache und Diskussion im Plenum
Material	Stellwände, Zeigestock oder ähnliches
Medien	Collagen
Dauer	90 Minuten

10. Baustein: Umweltzerstörung

Inhalt	Recourcenausbeutung; Verunreinigung von Luft, Boden und Wasser
Ziel	Sensibilisierung für die belastete Natur; Erkennen des Zusammenhangs zwischen eigenem Handeln und Umweltzerstörung
Methode	Auswertung von Informationsmaterial in Gruppenarbeit, anschließend Besprechung im Plenum
Material	Auszüge aus: Ditfurth (1985; s. Quellen- und Literaturverzeichnis); ergänzend aktuelle Zeitungsberichte

Medien	---
Dauer	120 Minuten

11. Baustein: Das Problem der Vernetzung

Inhalt	Das Systembild der Welt
Ziel	Kennenlernen von Merkmalen vernetzter Systeme; Wahrnehmen von Schwierigkeiten beim Eingreifen in vernetzte Systeme
Methode	Leitervortrag
Material	Vester (1985; s. Quellen- und Literaturverzeichnis)
Medien	Folien, OH-Projektor, Thesenpapiere
Dauer	30 Minuten

12. Baustein: Vernetzung live – Das Müllspiel

Inhalt	Interaktionsspiel „Müll“
Ziel	Erkennen vernetzter Strukturen am Beispiel des Müllproblems; Lernen, sich zu verständigen und kooperative Entscheidungen zu treffen
Methode	Interaktionsspiel
Material	Spielmaterial zu Frör: „Müll“ (1987, s. Quellen- und Literaturverzeichnis)
Medien	---
Dauer	60 Minuten

13. Baustein: Auswertung des „Müllspiels“

Inhalt	Vorstellung und Auswertung der Spielerfahrungen
Ziel	Beschreiben des Spielverlaufs; Erkennen der Spielintention; Analysieren der getroffenen Entscheidungen; Thematisierung von Handlungskonsequenzen
Methode	Plenumsgespräch
Material	eventuell Spielprotokolle
Medien	---
Dauer	45 Minuten

14. Baustein: Rechtfertigung von Handlungen

Inhalt	Positionen normativer Ethik
Ziel	Kennenlernen verschiedener Ansätze der normativen Ethik
Methode	Textarbeit in Kleingruppen; anschließend Besprechung im Plenum
Material	---
Medien	Text: Hoerster. In: Gebhardt (1992; s. Quellen- und Literaturverzeichnis)
Dauer	45 Minuten

15. Baustein: Wertehierarchie

Inhalt	Interaktionsspiel „Zu neuen Ufern"
Ziel	Bewußtmachen von Werthaltungen; Gewichtung von Wertvorstellungen
Methode	Interaktionsspiel
Material	Arbeitsblätter zum Interaktionsspiel
Medien	Vopel (1989; s. Quellen- und Literaturverzeichnis)
Dauer	40 Minuten

16. Baustein: Auswertung des Interaktionsspiels

Inhalt	Vorstellung und Auswertung der Spielerfahrungen
Ziel	Beschreiben des Spielverlaufs; Erkennen der Spielintention; Analysieren der getroffenen Entscheidungen; Thematisierung von Handlungskonsequenzen
Methode	Plenumsgespräch
Material	---
Medien	Ausgefüllte Arbeitsblätter
Dauer	20 Minuten

17. Baustein: Interaktionsspiel „Werte – Handel"

Inhalt	Verhandlung von Werten

Ziel	Bewußtmachen eigener Werthaltungen; Lernen konsenzfähig zu werden in bezug auf Wertvorstellungen
Methode	Interaktionsspiel
Material	Spielmaterialien
Medien	Kliebisch (1995; s. Quellen- und Literaturverzeichnis)
Dauer	60 Minuten

18. Baustein: Auswertung des Interaktionsspiels „Werte – Handel“

Inhalt	Vorstellung und Auswertung der Spielerfahrungen (s. Baustein 17)
Ziel	Beschreiben des Spielverlaufs; Erkennen der Spielintention; Analysieren der getroffenen Entscheidungen; Thematisierung von Handlungskonsequenzen
Methode	Gruppen- und Plenumsgespräch
Material	---
Medien	---
Dauer	30 Minuten

19. Baustein: Politik und Moral

Inhalt	Politisches Handeln als Leitbild?
Ziel	Beschreiben und Problematisieren von politischem Handeln; Erkennen möglicher Wertekollisionen; Formulieren von Erwartungen an Politiker
Methode	Bildbetrachtung und Plenumsgespräch
Material	---
Medien	Bild: Kniefall W. Brandts in Polen. In: Mickel / Wiegand (1988; s. Quellen- und Literaturverzeichnis)
Dauer	45 Minuten

20. Baustein: Politiker in der Verantwortung

Inhalt	Bewältigung historischer Vergangenheit: 8. Mai 1945 – 8. Mai 1985
Ziel	Entwicklung historischen Bewußtseins; Sensibilisierung für die besondere Situation der Deutschen 40 Jahren nach Kriegsende; Thematisieren und Würdigung von Politikerverhalten

Methode	Analyse der Weizsäcker-Rede in Partnerarbeit; Besprechung und Auswertung im Plenum
Material	---
Medien	Weizsäcker-Rede: Der 8. Mai 1945 – 40 Jahre danach (1985; s. Quellen- und Literaturverzeichnis)
Dauer	90 Minuten

21. Baustein: Interaktionsspiel „Wahlen“

Inhalt	Simulation politischer Wahlen
Ziel	Bewußtmachen eigener Werthaltungen; Lernen, in bezug auf Wertvorstellungen konsenzfähig zu werden; Erkennen von Strukturen politischer Wahlen; Bewußtmachen eigener politischer Handlungsmöglichkeiten
Methode	Interaktionsspiel
Material	Spielmaterialien
Medien	Laver (1986; s. Quellen- und Literaturverzeichnis)
Dauer	60 Minuten

22. Baustein: Auswertung des Spiels „Wahlen“

Inhalt	Vorstellung und Auswertung der Spielerfahrungen (s. Baustein 21)
Ziel	Beschreiben des Spielverlaufs; Erkennen der Spielintention; Analysieren der getroffenen Entscheidungen; Thematisierung von Handlungskonsequenzen
Methode	Plenumsgespräch
Material	eventuell Spielprotokolle
Medien	---
Dauer	30 Minuten

23. Baustein: Menschenrechte

Inhalt	Die Idee der Menschenrechte und ihre Verwirklichung
Ziel	Kennenlernen der Menschenrechte; Problematisierung unterschiedlicher Wertvorstellungen; Aufzeigen von Konsequenzen für das eigene Verhalten

Methode	Informationsbeschaffung und Auswertung in Kleingruppen; anschließend Auswertung im Plenumsgespräch
Material	Gericke / Hambrink / Kersten (1984; s. Quellen- und Literaturverzeichnis); aktuelle Berichterstattung
Medien	---
Dauer	60 Minuten

24. Baustein: Interaktionsspiel „Das Mauerspiel“

Inhalt	Gesetz und Freiheit
Ziel	Bewußtmachen eigener Werthaltungen; Lernen, konsenzfähig zu werden in bezug auf Wertvorstellungen; Erkennen des Bösen und dessen Verhinderung
Methode	Interaktionsspiel
Material	Spielmaterialien
Medien	Frör (1978; s. Quellen- und Literaturverzeichnis)
Dauer	60 Minuten

25. Baustein: Auswertung des „Mauerspiels“

Inhalt	Vorstellung und Auswertung der Spielerfahrungen (s. Baustein 24)
Ziel	Beschreiben des Spielverlaufs; Erkennen der Spielintention; Analysieren der getroffenen Entscheidungen; Thematisierung von Handlungskonsequenzen sowie der theologischen Dimension
Methode	Plenumsgespräch
Material	eventuell Spielprotokolle
Medien	---
Dauer	30 Minuten

Raum für eigene Bausteine und Notizen

4.6. Literatur, Quellen, Medien

a. Literatur zum Thema „Verantwortliches Handeln“ für die Hand des Unterrichtenden

Hinweis

Die Literaturliste enthält (thematisch ungeordnet)
- Schriften zur Ethik allgemein
- Monographien zu bestimmten Schwerpunktthemen (Umweltethik, Rauschmittel, Sterbehilfe, Gentechnik u. ä.)
- Text- und Materialsammlungen zu verschiedenen Aspekten (philosophische Ethik, Umwelterziehung, Drogen, medizinische Ethik u. a.)

Alt, F.: Frieden ist möglich. Die Politik der Bergpredigt. 10. Aufl. München 1983.

Alt, F.: Liebe ist möglich. Die Bergpredigt im Atomzeitalter. München 1985.

Altern, Sterben, Tod. Lesehefte Ethik – Werte und Normen – Pholosophie. Zusammengestellt und bearbeitet v. G. Aslam-Malik. Stuttgart 1986.

Altner, G.: Naturvergessenheit. Grundlagen einer umfassenden Bioethik. Darmstadt 1993.

Apel, K.-O. u. a.(Hrsg.): Praktische Pholosophie / Ethik. Aktuelle Materialien. Reader zum Funk-Kolleg Band 1. Frankfurt/M. 1980.

Auer, A.: Umweltethik. Düsseldorf 1984.

Baden, J. u. a.: Wer wird das Antlitz der Erde erneuern? Spuren des Geistes in unserer Zeit. Freiburg 1983.

Bayerisches Staatsministerium des Innern und für Arbeit und Sozialordnung (Hrsg.): Jugend und ... Alkohol, Drogen, Medikamente, Tabak. Jugend fragt Jugend. Repräsentativerhebungen bei Jugendlichen in Bayern 1973, 1976, 1980. München o. J.

Bayerisches Staatsministerium für Arbeit und Sozialordnung (Hrsg.): Rauschmittelreport. Spritzen – Rauchen – Schlucken – Schnüffeln – Trinken. Ein Bericht über: Gründe – Anwendung – Wirkung – Folgen, verfaßt v. E. Schuster u. H. Waldmann. 5. Aufl. München o. J.

Bensch, R.; Trutwin, W. (Hrsg.): Philosophisches Kolleg Bd. 3. Ethik. Düsseldorf 1977.

Birnbacher, D.; Hoerster, N. (Hrsg.): Texte zur Ethik. 3. Aufl. München 1980.

Birnbacher, D. (Hrsg.): Medizin-Ethik. Forum Philosophie. Materialien für den Unterricht. Düsseldorf 1986.

Bubolz, G. (Hrsg.): Arbeitshefte für Erziehungswissenschaft – Umwelterziehung. Frankfurt/M. 1989.

Ditfurth, H.v.: Anthropologisch-psychologische Voraussetzungen einer erfolgreichen Umwelt- und Friedenserziehung. Unbewußte Grenzen unserer Friedensfähigkeit. In: ders: Unbegreifliche Realität. Reportagen, Aufsätze, Essays eines Menschen, der das Staunen nicht verlernt hat. Hamburg 1987, S. 397ff.

Ditfurth, H.v.: Die mörderische Konsequenz des Mitleids. Von der Alibifunktion „guter Gaben“. In: ders.: Unbegreifliche Realität. Reportagen, Aufsätze, Essays eines Menschen, der das Staunen nicht verlernt hat. Hamburg 1987, S. 392ff.

Ditfurth, H.v.: Über die wahre ärztliche Kunst. Versuchungen der „Apparatemedizin“. In: ders.: Unbegreifliche Realität. Reportagen, Aufsätze, Essays eines Menschen, der das Staunen nicht verlernt hat. Hamburg 1987, S. 385ff.

Ditfurth, H.v.: Unbegreifliche Realität. Reportagen, Aufsätze, Essays eines Menschen, der das Staunen nicht verlernt hat. Hamburg 1987.

Ditfurth, H.v.: Wir haben gar keine andere Wahl. Eine Lanze für die Gen-Technologie. In: ders.: Unbegreifliche Realität. Reportagen, Aufsätze, Essays eines Menschen, der das Staunen nicht verlernt hat. Hamburg 1987, S. 344ff.

Eibach, U.: Gentechnik – der Griff nach dem Leben. Eine ehtische und theologische Beurteilung. Wuppertal 1986.

Eibach, U.: Sterbehilfe – Tötung auf Verlangen? Eine theologisch-ethische Stellungnahme zur Frage der Euthanasie. Wuppertal 1988.

Eichmann, R. / Kliebisch, U.: „Ehrfurcht vor dem Leben". Ein Projekt zum Thema Umweltschutz. In: Kliebisch, U. / Eichmann, R. Vergiß das Fühlen nicht! Schulische Beratung in Theorie und Praxis. Bochum 1991, S. 113ff.

Ethik und Religion. Lesehefte Ethik – Werte und Normen – Philosophie, zusammengestellt und bearbeitet von S. Körber. Stuttgart 1989.

Gebhard, U. / Johannsen, F.: Gentechnik als ethische Herausforderung. Anregungen und Materialien für die Sekundarstufe II. Gütersloh 1990.

Gerber, U. / Mokrosch, R. / Schmidt, H.: Ethik – Ein Arbeitsbuch für den Ethikunterricht im 11. Schuljahr. Frankfurt/M., München 1990.

Gerhardt, G.: Grundkurs Philosophie. Bd. 2. Ethik – Politik. München 1992.

Günzler, C. / Teutsch, G.M.: Erziehen zur ethischen Verantwortung. Freiburg 1980.

Hackethal, J.: Humanes Sterben. Mitleidstötung als Patientenrecht und Arztpflicht. München 1988.

Höffe, O. / Kadelbach, G. / Plumpe, G. (Hrsg.): Praktische Philosophie / Ethik. Reader zum Funk-Kolleg. Bd. 2. Frankfurt/M. 1981.

Höffe, O.: Lexikon der Ethik. 2., neubearb. Aufl. München 1980.

Jonas, H.: Das Prinzip Verantwortung. Versuch einer Ethik für die technologische Zivilisation. Frankfurt/M. 1984.

Martens, E. (Hrsg.): Das Wahrheitsgebot – oder: Muß man immer die Wahrheit sagen? Arbeitstexte für den Unterricht. Stuttgart 1983.

Nagl, W.: Gentechnologie und Grenzen der Biologie: Dimensionen der Biologie Bd. 1. Darmstadt 1987.

Oelmüller, W. / Dölle, R. / Piepmeier, R.: Diskurs: Sittliche Lebensformen. Philosophische Arbeitsbücher. Bd. 2. Oelmüller, W.; Dölle, R. (Hrsg.). 2. Aufl. Paderborn 1980.

Rauschgift. Das tödliche Spiel mit dem Leben. Die Wahrheit über Rauschgift. Für Eltern, Jugendliche, Neugierige. hrsg. i. A. d. Innenministeriums Baden-Württemberg vom Landeskriminalamt – Rauschgiftaufklärungsgruppe unter Mitwirkung von Fachleuten aus Bereichen der Medizin, Justiz und Drogenberatung. Stuttgart o. J.

Sandvoss, E.R. (Hrsg.): Ethik. Arbeitstexte für den Unterricht. Stuttgart 1981.

Schulz, S. (Hrsg.) Materialien Sterben – Tod – Auferstehung. Sekundarstufe I. Stuttgart 1985.

Schweitzer, A.: Die Lehre von der Ehrfurcht vor dem Leben. Grundtexte aus fünf Jahrzehnten. Im Auftrag des Verfassers. Bähr, H.W. (Hrsg.). 2. Aufl. München 1976.

Schweitzer, A.: Leben, Werk und Denken. 1905–1965. Mitgeteilt in seinen Briefen. Bähr, H.W. (Hrsg.). Heidelberg 1987.

Seattle: Wir sind ein Teil der Erde. Olten, Freiburg o. J.

Stammer, U. (Hrsg.): Materialien Freiheit – Verantwortung – Schuld. Theologische Anthropologie. Sekundarstufe II. Stuttgart 1986.

Sterbehilfe – Mitleid oder Mord? Mit Beiträgen von Hans Henning, Atrott, Ulrich Eibach, Elisabeth Kübler-Ross, Christa Meves, Helmut Thielicke und Interviews mit Peter M. Reisert, Julius Hakkethal. Wiesbaden 1984.

Verantwortung für Gottes Schöpfung angesichts von Umweltzerstörung, Arbeitslosigkeit, Hunger in der 3. Welt, Rüstungseskalation. Schwerpunktthema Landessynode 1986 – Evangelische Kirche von Westfalen. i. A. der Kirchenleitung der Evangelischen Kirche von Westfalen hrsg. v. Landeskirchenamt. Bielefeld o. J.

Vogel, S.: Lexikon der Gentechnik. Reinbek 1992.

Weizsäcker, C. F. v.: Die Zeit drängt. Eine Weltversammlung der Christen für Gerechtigkeit, Frieden und die Bewahrung der Schöpfung. München, Wien 1986.

Weizsäcker, E. U. v.: Erdpolitik. Ökologische Realpolitik an der Schwelle zum Jahrhundert der Umwelt. 3., aktualisierte Aufl. Darmstadt 1992.

Raum für eigene Notizen und weitere Literatur

b. Quellen und Medien für die Projektgestaltung

Bensch, R. / Trutwin, W. (Hrsg.): Philosophisches Kolleg. Bd. 3. Ethik. Arbeitsmaterialien für den Philosophieunterricht. Sekundarstufe II. Düsseldorf 1977.

Birnbacher, D.: Medizin-Ethik. Forum Philosophie. Materialien für den Unterricht. Birnbacher, D.; Macho, Th. H. Martens, E. (Hrsg.). Hannover 1986.

Ditfurth, H. v.: So laßt uns denn ein Apfelbäumchen pflanzen. Es ist soweit. Hamburg 1985.

Ditfurth, H. v.: Wir haben gar keine andere Wahl. Eine Lanze für die Gen-Technologie. In: ders.: Unbegreifliche Realität. Reportagen, Aufsätze, Essays eines Menschen, der das Staunen nicht verlernt hat. Hamburg 1977, S. 344ff.

Eibach, U.: Gentechnik – der Griff nach dem Leben. Eine ethische und theologische Beurteilung. Wuppertal 1986.

Eibach, U.: Sterbehilfe – Tötung auf Verlangen? Eine theologisch-ethische Stellungnahme zur Frage der Euthanasie. Wuppertal 1988.

Frör, H.: Spielend bei der Sache. 81 Spiele für Schulklassen, Konfirmandengruppen und Gemeindekreise. 8. Aufl. München 1978.

Frör, H.: Spiel und Wechselspiel. Kommunikationsspiele für Gruppen. Materialien und Methodik. 5. Aufl. München 1987.

Gerhardt, G.: Grundkurs Philosophie. Bd. 2: Ethik – Politik. München 1992.

Gericke, O. / Hambrink, J. / Kersten, M.: Die Idee der Menschenrechte und ihre Verwirklichung. Quellen zur Geschichte und Politik. Alter, P.; Rumpf, E.; (Hrsg.) in Verb. mit Körner, H.; Tümmler, H. Stuttgart 1984.

Herausforderungen: Information – Diskussion – Aktion. Ein Buch für den Religionsunterricht. Bd. 2. Dortmund 1972.

Hoerster, N.: Vier Positionen der normativen Ethik. In: Gerhardt, G. Grundkurs Philosophie. Bd. 2: Ethik – Politik. München 1992, S. 13ff.

Karasek, I.: Die Mutprobe. In: Nitschke, N. (Hrsg.): Kurs Leben. Gütersloh 1966, S. 84f.

Karen Ann – leben oder in Würde sterben lassen? In: Philosophisches Kolleg 3. Arbeitsmaterialien für den Philosophieunterricht. Sekundarstufe II. Ethik. ausgew. u. bearb. v. Bensch, R.; Trutwin, W. Düsseldorf 1977, S. 145f.

Kliebisch, U.: Kooperation – Werthaltungen. Interaktionsspiele und Infos für Jugendliche. Mülheim 1995.

Das neue Kursbuch 9/10. Arbeitsbuch für den Religionsunterricht in 9./10. Schuljahr. Schmidt, H. u. a. (Hrsg.). Stuttgart, Frankfurt/M. 1988.

Laver, M.: Jeder gegen jeden. Gesellschaftsspiele, um große Politik zu lernen. Hinterlistig! Klug! Bösartig! Realistisch! Köln 1986.

Michaely, P.: Der Mensch stumpft ab. In: Das neue Kursbuch 9/10. Arbeitsbuch für den Religionsunterricht im 9./10. Schuljahr. Stuttgart, Frankfurt/M. 1988, S. 36f.

Mickel, W. W.; Wiegand, B.: Geschichte, Politik und Gesellschaft. Lern- und Arbeitsbuch für Geschichte in der Gymnasialen Oberstufe. Bd. 2. Die Großmächte – Internationale Beziehungen – Deutschland nach 1945. Frankfurt/M. 1988.

Schweitzer, A.: Die Lehre von der Ehrfurcht vor dem Leben. Grundtexte aus fünf Jahrzehnten. Im Auftrag des Verfassers hrsg. v. H. W. Bähr. 2. Aufl. München 1976.

Vester, F.: Unsere Welt – ein vernetztes System. 2. Aufl. München 1985.

Vopel, K. W.: Interaktionsspiele für Jugendliche. Affektives Lernen für 12- bis 21jährige. Teil 1. (Lebendiges Lernen und Lernen Bd. 20) 3. Aufl. Hamburg 1989.

Weizsäcker, R. v.: Der 8. Mai 1945 – 40 Jahre danach. In: ders.: Von Deutschland aus. Reden des Bundespräsidenten. Berlin 1984, S. 5ff.

Wölfel, U.: Lüge – Wahrheit. In: dies.: Du wärst der Pienek. Neukirchen o. J., S. 132f.

Von der Würde werdenden Lebens. Extrakorporale Befruchtung, Fremdschwangerschaft und genetische Beratung – Eine Handreichung der Evangelischen Kirche in Deutschland zur ethischen Urteilsbildung. EKD-Texte 11. Kirchenamt der EKD (Hrsg.). Nov. 1984. In: Verantwortung für Gottes Schöpfung angesichts von Umweltzerstörung, Arbeitslosigkeit, Hunger in der 3. Welt, Rüstungseskalation. Bielefeld 1986, S. 64ff.

Raum für Notizen und weitere Literatur

5. Drittes Projektbeispiel: Grundfragen der Erziehung

„Erziehung und Unterricht umfassen die personale, soziale und eine auf die Ziele des Bildungsgangs bezogene fachliche Bildung. Sie finden im Rahmen eines ganzheitlichen Prozesses statt, der die Persönlichkeit des Kindes und Jugendlichen ernst nimmt, also die Fähigkeit zu rationaler Auseinandersetzung ebenso einbezieht wie Kreativität und Phantasie.“

(Kultusminister 1993)

In diesem Kapitel

* stellen wir Ihnen zwei für unterschiedliche Altersstufen geplante Projekte zum Thema “Grundfragen der Erziehung” vor.
* erhalten Sie als Leiter eine Checkliste, die Ihnen helfen kann, die Veranstaltung gegenüber Kollegen und der Schulleitung zu begründen.
* Finden Sie eine ausführliche Quellen-, Material- und Medienliste zum Projektthema.

5.1. Thematische Einführung: Erziehungsprobleme heute

So manches Elternpaar und so mancher Lehrer wissen ein Lied davon zu singen. Viele Jugendliche können nichts mit sich und ihrem Leben anfangen, haben Schwierigkeiten, ihren Standort in dieser Gesellschaft zu bestimmen und leiden unter dem Fehlen jeglicher verbindlicher Koordinaten von „oben" und „unten", „gut" und „böse". Viele Jugendliche fühlen sich überfordert in einer individualistischen Gesellschaft. Universelle Wertesysteme – seien es moralische, politische oder religiöse – gibt es nicht mehr. Das Stimmengewirr der Meldungen und Meinungen verunsichert mehr und mehr. Dadurch entsteht für die Jugendlichen sehr oft ein Weltbild, das ihnen keinerlei Orientierung und keine Zuverlässigkeit mehr bieten kann. Auch das Bewußtsein für ihre Werthaltungen ist ihnen damit oft verloren gegangen. Dabei besteht ein Zusammenhang mit dem Problem vieler Erwachsener, kein überzeugendes Wertesystem mehr zu besitzen und vorleben zu können. Vor diesem Hintergrund wird der Ruf nach Besinnung auf alte und vor allem stabile, Zeitfragen und Trends überdauernde Werte immer lauter und zugleich verständlicher.

Bei alledem steigt die Belastung der Jugendlichen zunehmend an. Viele Jugendliche zeigen heute Streßsymptome, die mit denen Erwachsener ohne weiteres vergleichbar sind. Schule ist in den letzten Jahren immer anstrengender geworden. Schule fordert immer mehr, von allen Beteiligten. Neue Richtlinien stellen die Lehrerinnen und Lehrer vor neue Aufgaben. Systemisches Denken, projektorientiertes Arbeiten und facherübergreifender Unterricht sollen etabliert werden. Eine schwierige Aufgabe, ohne Zweifel. Schule belastet nicht nur die Lehrenden. Schule belastet eben auch die Schülerinnen und Schüler. Leistungsansprüche der Schule nehmen zu, die Aussicht auf einen der Ausbildung angemessenen Arbeitsplatz aber gleichzeitig ab. Und die Schule hinkt dieser Entwicklung derzeit hinterher.

Engel/Hurrelmann (1989) befragten im Herbst 1986 mehr als 1700 Schüler in etwa 90 Schulklassen u. a. nach ihrem subjektiven Befinden. Das Ergebnis: Viele Schüler leiden unter verschiedenen psychosomatischen und emotionalen Streßsymptomen Rund 20,7 % der von Engel/Hurrelmann interviewten Schüler klagen häufig über Kopfschmerzen, 16,2% sind oft nervös und unruhig, und 11,8% haben häufig Schwindelgefühle. 24,8% sind häufig wütend, 17,6% entwickeln häufig Zorn oder Ärger und 17,5% fühlen sich oft erschöpft (s. Abb. 18 u. 19).

Eine Vielzahl der befragten Jugendlichen gibt zudem an, zumindest manchmal unter den genannten Symptomen zu leiden. Darüber hinaus sind Schlaflosigkeit, Magenbeschwerden, aber auch Traurigkeit, Überforderung und das Gefühl von Angespanntheit Erscheinungsformen der von den Heranwachsenden wahrgenommenen psycho-physischen Belastung.

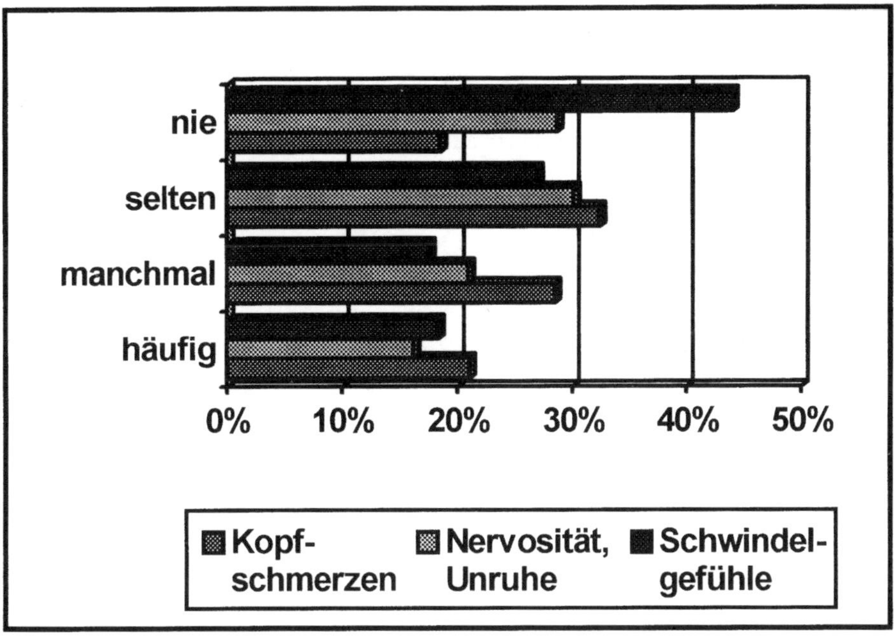

Abb. 18 Häufigkeit bestimmter Streßsymptome (Quelle: Engel/Hurrelmann 1989, 77 und eigene Berechnungen; Grafik: U.K.)

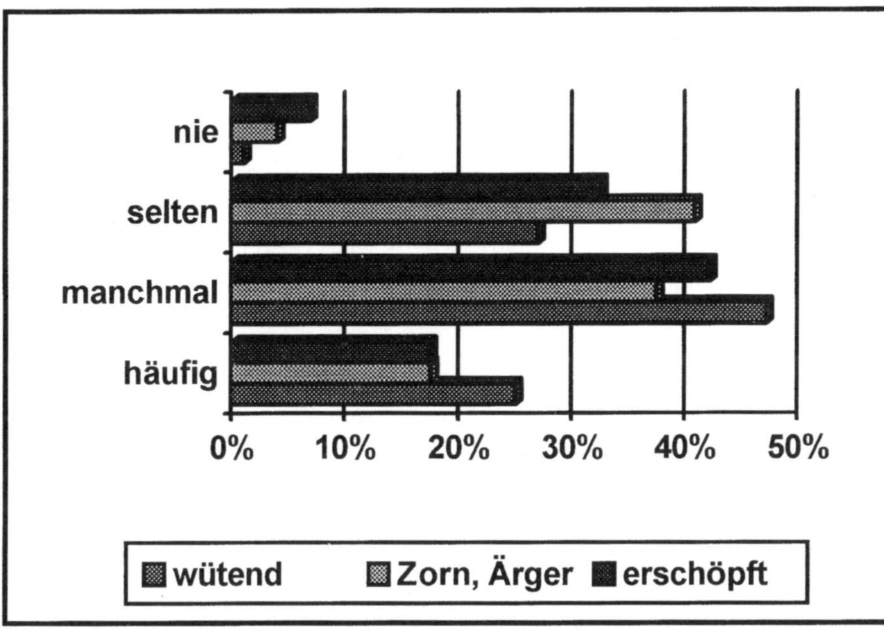

Abb. 19 Häufigkeit bestimmter emotionaler Streßsymptome (Quelle: Engel / Hurrelmann 1989, 78 und eigene Berechnungen; Grafik: U.K.)

Die Streßerfahrung von Kindern und Jugendlichen wird gerade im Schulbereich selbst durch eine Reihe interner Faktoren ausgelöst oder verstärkt. Die Leistungsbereitschaft und damit auch die tatsächlich erbrachten Leistungen eines Schülers hängen zudem wesentlich vom Grad der Belastung ab, die dieser subjektiv wahrnimmt. Schule ist leistungsorientiert; auch die Kommunikationsmuster zwischen Lehrern und Schülern sind daher weitgehend leistungsorientiert und vorgegeben. Dies schafft beachtliche Probleme für das Selbstbewußtsein des einzelnen Jugendlichen sowie für seine intellektuellen, emotionalen und sozialen Kompetenzen. Schulschwierigkeiten der Kinder sind so vorprogrammiert und können kaum beseitigt werden.

Als besonderes Problem muß in diesem Zusammenhang gelten, daß die körperlichen Begleiterscheinungen einer Streßerfahrung kaum einmal angemessen kompensiert und abreagiert werden können. Dies gilt auch, vielleicht sogar besonders für Schüler. Der durch die Streßreaktion auf Flucht programmierte Organismus kann diesem Handlungsimpuls in einer zivilisierten Gesellschaft in der Regel nicht unmittelbar folgen. Vielmehr kommt es dazu, daß der Einzelne die erforderlichen Körperreaktionen, die zum rascheren Abbau der Streßhormone führen könnten, weitgehend unterdrückt und nach anderen Bewältigungsmöglichkeiten sucht. Streß, von Hause aus ein sinnvolles Warnsignal, mit dem der Körper auf Gefahrenpunkte in der ihn umgebende Welt aufmerksam gemacht wird, wird so chronisch. Chronischer Streß beeinflußt nicht zuletzt über die damit verknüpften, sich negativ verstärkenden Bewertungsstrategien des Betroffenen nachhaltig dessen seelische Gesundheit (vgl. Kliebisch 1995a).

Die pädagogische Praxis muß sich dieser aktuellen Problematik stellen. Auf verschiedenen Wegen kann eine Auseinandersetzung um Werthaltungen und Handlungsmuster mit Heranwachsenden geführt werden. Eine solche Auseinandersetzung wird grundsätzliche Differenzen zwischen den Auffassungen Erwachsener und denen der Jugendlichen herausstellen. Das Ringen um gemeinsam vertretbare Kompromisse kann mittelfristig für alle das Miteinander erleichtern, Belastungen abbauen und ein Gefühl der Zusammengehörigkeit fördern.

Sinn der Übung kann nicht sein, den Jugendlichen bestimmte Werte als allein gültige Rezepte zu vermitteln. Es geht eher darum, die grundsätzliche Bedeutung von Werthaltungen zu vermitteln und Hilfestellung bei der Bewußtmachung und Erarbeitung eigener Werthaltungen zu geben. So kann langfristig Handlungskompetenz gefördert werden. Erziehung ist allemal erforderlich, um dieses Ziel zu erreichen. Nur welche? In eine demokratisch Gesellschaft passen keine autoritären Erziehungsstrukturen, antiautoritäres Gebaren mancher Erzieher allerdings läßt keine Konturen mehr erkennen und bringt die sozialen Strukturen eher in Gefahr, als daß es ihnen zu einem Besseren verhilft.

Sich im Rahmen eines Projekts mit Grundfragen der Erziehung zu beschäftigen, kann Lehrer und Schüler zueinanderführen, aktuelle Probleme aufgreifen und Ziele formulieren, die für beide Seiten von Belang sind. Die Reflexion auf historische Prozesse ist dabei ebenso wichtig wie das Erleben von Wert- und Erziehungskonflikten im Rahmen von Rollen- oder Interaktionsspielen. Durch diese Vorgehensweise erhalten die Jugendlichen die Chance, sich dem Thema sowohl auf einer rationalen als auch auf emotionaler Ebene zu nähern.

Auf den folgenden Seiten stellen wir Ihnen, wie Sie das aus den beiden vorangegangenen Kapiteln kennen, wiederum zwei konkrete Projektverläufe vor (s. Abb. 20). Nutzen Sie die angebotenen Bausteine als Steinbruch oder als direkt umsetzbaren Gesamtvorschlag. Natürlich beansprucht unsere Auswahl von Aspekten, Methoden und Inhalten keineswegs vollständig zu sein. Fügen Sie nach Belieben Elemente hinzu, wenn Sie dies für erforderlich halten. Auch eine alternative Anordnung der Bausteine widerspricht dem pädagogischen Konzept nicht, solange rationale und emotionale Anteile den Projektverlauf bestimmen.

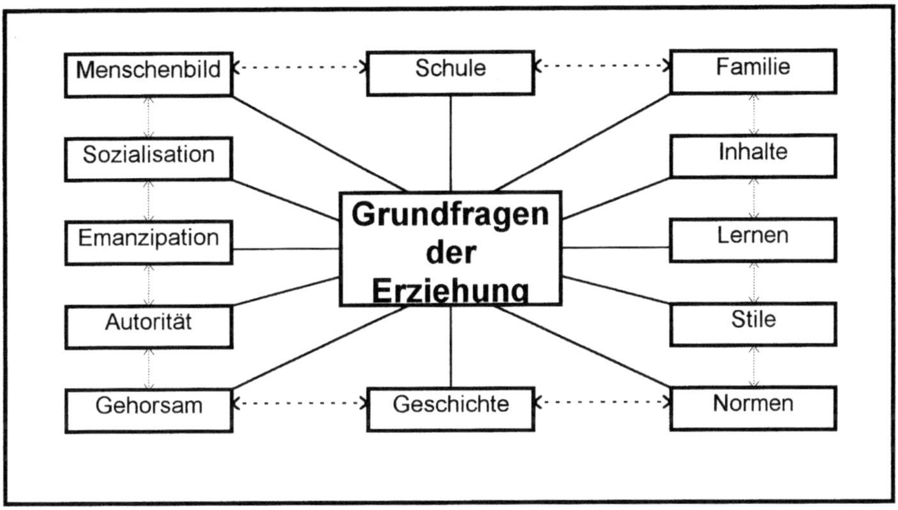

Abb. 20. Thematische Vernetzung „Grundfragen der Erziehung“

5.2. Checkliste zum Projekt

Im folgenden Abschnitt (Kap. 5.3.) stellen wir Ihnen – alphabetisch geordnet – alle von uns zum Thema „Grundfragen der Erziehung“ verwendeten Projektbausteine vor; danach zeigen wir Ihnen zwei konkrete Beispiele für die Anordnung der Bausteine im Rahmen von Projekten für Teilnehmer unterschiedlichen Alters (Kap. 5.4. und 5.5.).

Bevor Sie sich aber der inhaltlichen Gestaltung eines solchen Projekts zuwenden, sollten Sie sich – wie Sie das bereits von den beiden ersten Projektbeispielen her kennen (s. Kap. 3.2. und 4.2.) – der hier abgedruckten Checkliste widmen. Die Beschäftigung mit den Punkten auf der Checkliste kann Ihnen helfen, Planung und Durchführung der Veranstaltung zu optimieren. Zur weiteren Verbesserung Ihrer Vorbereitung können Sie auch ergänzend die Checklisten zu den beiden ersten Projektbeispielen hinzuziehen.

Checkliste

- Beginnen Sie die Planung des Projekts rechtzeitig (mindestens 3 Monate vor der Veranstaltung!)
- Verlegen Sie das Projekt nach Möglichkeit an einen Ort außerhalb der Schule. Kirchliche Träger beispielsweise stellen Ihnen gute Tagungsstätten zur Verfügung.
- Buchen Sie die Tagungsstätte und das Reiseunternehmen rechtzeitig.
- Lassen Sie möglichst von Beginn an die späteren Projekt-Teilnehmer an der inhaltlichen und organisatorischen Planung der Veranstaltung mitwirken.
- Suchen Sie sich Mitstreiter. Planen und organisieren Sie das Projekt zusammen mit Kolleginnen und Kollegen, die von der Projektidee ebenso begeistert sind wie Sie.
- Entwickeln Sie mit allen Beteiligten und unter Nutzung der Projektbausteine aus den Kapiteln 5.3. bzw. 5.4. und 5.5. eine – vorläufige – Verlaufsplanung für die Veranstaltung. Dabei bestimmen Sie u. a.
  a) die Dauer der Veranstaltung,
  b) den Umfang der geplanten Arbeitszeiten,
  c) eine detaillierte Zeitplanung,
  d) die verwendeten Projektbausteine,
  e) die Gruppenaufteilung,
  f) die methodische Vorgehensweise während der einzelnen Arbeitsphasen.
- Lassen Sie die Veranstaltung genehmigen.
- Bringen Sie danach die inhaltliche Vorbereitung des Projekts weiter voran. Überlegen Sie dazu, was Ihnen selbst an der Thematik „Grundfragen der Erziehung“ wichtig ist. Besprechen Sie dies mit den an der Vorbereitung der Veranstaltung Beteiligten.

- Prüfen Sie, wie aktuell die Thematik „Grundfragen der Erziehung“ derzeit ist. Versuchen Sie herauszufinden, welche Aspekte des Themas derzeit in der Diskussion sind.
- Ermitteln sie die inhaltlichen Interessen der Projekt-Teilnehmer. Beziehen Sie diese in Ihre weitere Vorbereitung ein.
- Beziehen Sie aktuelle Angebote Ihrer Kommune in die Projektvorbereitung ein: Nutzen Sie Ausstellungen oder Theateraufführungen zur Erweiterung der Projektbausteine. Ermöglichen Sie erfahrungsnahes Lernen.
- Suchen Sie nach Experten zum Thema. Laden Sie sie ein.
- Entwickeln Sie unter Berücksichtigung der genannten Aspekte die endgültige Planung für das Projekt. Teilen Sie den Teilnehmern das Programm rechtzeitig mit. Gehen Sie auf etwaige Änderungswünsche der Teilnehmer nach Möglichkeit auch jetzt noch ein.
- Machen Sie Werbung für Ihr Projekt.

Raum für eigene Notizen

5.3. Übersicht: Die Projektbausteine

In der folgenden Übersicht, listen wir – in alphabetischer Reihenfolge – zum leichteren Zugriff nahezu alle Projektbausteine auf, die in den Abschnitten 5.4. und 5.5. im einzelnen methodisch didaktisch erläutert werden; Bausteine, die Auswertungen anderer Elemente repräsentieren, werden hierbei nicht berücksichtigt. Zur besseren Orientierung finden Sie neben dem Titel des jeweiligen Bausteins wiederum in Klammern zusätzlich weitere Hinweise auf
- das Kapitel, in dem der Baustein näher beschrieben wird und
- die laufende Nummer, unter der der Baustein in dem entsprechenden Kapitel aufzufinden ist.

- Aufgabenverteilung in der Familie (5.4.; 3)
- Autorität und Gehorsam im Experiment (5.4.; 18)
- Collagen zum Thema „Grundfragen der Erziehung" (5.5.; 2)
- Das Prinzip Verantwortung (5.5.; 11)
- Der Mensch – ein manipuliertes Wesen (5.5.; 7)
- Drei Menschenbilder begegnen sich – ein Rollenspiel (5.4.; 15)
- Entstehung und Umgang mit Regeln und Normen (5.5.; 10)
- Erwartungen zum Projekt (5.4.; 1 u. 5.5.; 1)
- Erziehung als Manipulation (5.5.; 6)
- Erziehung morgen – ein Plakat erstellen (5.4.; 20)
- Erziehung zum Gehorsam – ein Beispiel aus der DDR-Zeit (5.4.; 12)
- Erziehung zum Gehorsam – ein Beispiel aus der NS-Zeit (5.4.; 11)
- Erziehung zur Emanzipation (5.5.; 5)
- Erziehung zur Kritikfähigkeit (5.5.; 8)
- Erziehung zur Mündigkeit (5.4.; 19)
- Erziehungsziel „Glück" (5.5.; 16)
- Falsche Propheten in unserer Gesellschaft (5.4.; 17)
- Geschlechterrolle in der Familie (5.4.; 2)
- Gesetze in der Freiheit (5.5.; 13)
- Ich spüle nicht! – ein Rollenspiel (5.4.; 4)
- Meine Frau bleibt Zuhause (5.5.; 3)
- Menschenbild in der Demokratie am Beispiel der Bundesrepublik (5.4.; 13)
- Projekt-Feedback (5.4; 22 u. 5.5.; 20)
- Sinn im Leben – ein Rollenspiel (5.5.; 18)
- Sitten, Normen und Gebräuche (5.5.; 9)
- So nicht! (5.4.; 6)
- Umweltbewußtsein – ein Erziehungsziel (5.5.; 17)

- Verantwortung des Wissenschaftlers (5.5.; 12)
- Vergleich der Menschenbilder (NS – DDR – Bundesrepublik) (5.4.; 14)
- Wenn ich meine Eltern wäre ... (5.4.; 9)
- Werte – ein Interaktionsspiel (5.5.; 14)
- Werte-Pyramide – ein Interaktionsspiel (5.4.; 7)

Raum für eigene Bausteine

5.4. Bausteine für 10- bis 15jährige

In diesem Kapitel stellen wir Ihnen insgesamt 22 Bausteine zum Thema „Grundfragen der Erziehung“ vor. Diese Bausteine sind aufgrund ihrer Struktur besonders für die Arbeit mit jüngeren Schülern geeignet. Die Reihenfolge der Bausteine gibt eine mögliche Verlaufsplanung für das Projekt wieder. Natürlich müssen Sie sich nicht an die vorgeschlagene Reihenfolge der Projekt-Bausteine halten. Entwickeln Sie Ihr eigenes Konzept. Ergänzen Sie die Liste der Bausteine, lassen Sie Elemente weg, ordnen Sie sie neu. Gestalten Sie Ihr eigenes Projekt.

---

1. Baustein: Erwartungen

Inhalt	Erwartungen an und Informationen über das Projekt
Ziel	Formulierung von Fragen, Wünschen, Vorstellungen usw. in Bezug auf das Projektthema und die Projektgestaltung; Darstellung des Projektverlaufes
Methode	Gruppengespräch
Material	—
Medien	ggf. Paper/Folie zum Projektverlauf ; OH-Projektor
Dauer	ca. 20 Minuten

---

2. Baustein: Geschlechterrolle in der Familie

Inhalt	Rollenverhalten einzelner Familienmitglieder
Ziel	Beschreiben und Problematisieren der Arbeitsteilung in Haushalt und Familie; Erkennen und Diskutieren geschlechtsspezifischer Aufgabenbereiche
Methode	Diskussion und Gruppengespräch
Material	—
Medien	—
Dauer	30 Minuten

---

3. Baustein: Aufgabenverteilung in der Familie

Inhalt	Zuständigkeit für bestimmte Arbeiten

Ziel	Erkennen und problematisieren der bestehenden Aufgabenverteilung in der eigenen Familie. Überlegen, wie die Aufgabenteilung verbessert werden könnte.
Methode	Kleingruppenarbeit, anschließend Plenum
Material	—
Medien	Fragenbogen aus: Bubolz (1991, S.12)
Dauer	45 Minuten

4. Baustein: Ich spüle nicht!

Inhalt	Sinn und Unsinn von Aufgabenteilung am Beispiel einer Alltagssituation
Ziel	Schwierigkeiten geschlechtsspezifischer Rollenverteilung erleben; Realitätsnähe von Gleichberechtigung in der Familie prüfen und diskutieren; kreative Lösungsansätze entwickeln
Methode	Erarbeitung von Rollenspielen in Kleingruppen nach vorgegebener Alltagssituation und definierten Rollen
Material	—
Medien	Informationsblatt zur Situation etc.
Dauer	60 Minuten

5. Baustein: Auswertung der Rollenspiele

Inhalt	Die erarbeiteten Rollenspiele (siehe Baustein 4)
Ziel	Darstellung der Rollenspiele; Problematisierung und Diskussion der entwickelten Handlungsmuster
Methode	Vorstellung und Besprechung der Rollenspielergebnisse; anschließend Plenumsgespräche
Material	—
Medien	Rollenspielergebnisse
Dauer	45 Minuten (bei fünf Gruppen)

6. Baustein: So nicht!

Inhalt	Auszüge aus „Der Struwwelpeter“ – Die Geschichte vom Zappel-Philipp

Ziel	Den Prozeß der Aneignung von Normen erkennen; die gesellschaftliche und historische Bedingtheit von Normen erkennen; über die Bedeutung von Erziehung diskutieren
Methode	Lesen und besprechen der Geschichte vom Zappel-Philipp
Material	—
Medien	Hoffmann: Der Struwwelpeter
Dauer	45 Minuten

7. Baustein: Werte-Pyramide

Inhalt	Interaktionsspiel „Werte-Pyramide“
Ziel	Nennen und Hierarchisieren von Wertvorstellungen
Methode	Kleingruppen und Plenum
Material	—
Medien	Kliebisch: Kooperation und Werthaltungen (1995)
Dauer	45 Minuten

8. Baustein: Auswertung des Interaktionsspiels

Inhalt	Die Ergebnisse des Spiels „Werte-Pyramide“
Ziel	Darstellung der Spielergebnisse; Problematisierung und Diskussion der Wertehierarchien; Transfer der Wertvorstellungen auf die familiäre Erziehung
Methode	Vorstellung und Besprechung der Spielergebnisse im Plenum
Material	—
Medien	Spielergebnisse
Dauer	45 Minuten

9. Baustein: Wenn ich meine Eltern wäre

Inhalt	Schreiben einer Phantasiegeschichte aus der Perspektive der Eltern: Im Restaurant
Ziel	Sich Einfühlen in die Welt der Erwachsenen; Sinn und Unsinn von Erziehungsmaßnahmen erleben und nacherleben; kreative Umsetzung in Sprache
Methode	Einzelarbeit

Material	—
Medien	—
Dauer	30 Minuten

---

10. Baustein: Auswertung der Phantasiegeschichten

Inhalt	Vorstellung und Besprechung der Geschichten (siehe Baustein 9)
Ziel	Verwerten eigener Ideen; Darstellung persönlicher Erfahrungen; Problematisierung der Familiensituation; Entwickeln kreativer Lebensvorschläge für Konfliktsituationen mit den Eltern
Methode	Vortrag und Besprechung der Phantasiegeschichten
Material	—
Medien	Phantasiegeschichten
Dauer	45 Minuten

---

11. Baustein: Erziehung zum Gehorsam – ein Beispiel aus der NS-Zeit

---

Inhalt	Biographie R. Höss'
Ziel	Kennenlernen einer Jugendideologie; Problematisieren autoritärer Erziehungsmethoden; Thematisieren des Verhältnisses von Gehorsam und Verantwortung
Methode	Lektüre von Auszügen aus der Biographie von R. Höss', anschl. Plenumsgespräch
Material	—
Medien	R. Höss: Kommandant in Auschwitz. 5. Aufl. München 1978
Dauer	90 Minuten

---

12. Baustein: Erziehung zum Gehorsam – ein Beispiel aus der DDR-Zeit

---

Inhalt	Die Idee eines neuen Menschen in der Ideologie der DDR
Ziel	Kennenlernen der Vorstellung vom sozialistischen Menschen; Problematisieren und Berurteilen der DDR-Ideologie vom neuen Menschen; Vergleich des Menschenbildes der DDR mit dem der NS-Ideologie
Methode	Lektüre von Auszügen aus dem Jugendgesetz der DDR

Material	—
Medien	Jugendgesetz der DDR. in: Neues Deutschland vom 2.2.1974
Dauer	90 Minuten

13. Baustein: Menschenbild in der Demokratie am Beispiel der Bundesrepublik

Inhalt	Grundrechte des Grundgesetzes der Bundesrepublik Deutschland
Ziel	Kennenlernen der Grundrechte der demokratischen Verfassung der Bundesrepublik; Herausarbeiten des demokratischen Menschenbildes; Problematisieren und Diskutieren von Chancen und Grenzen des demokratischen Menschenbildes
Methode	Lektüre der Grundgesetzes, Artikel 1–19 (in Auszügen)
Material	—
Medien	Grundgesetz der Bundesrepublik Deutschland
Dauer	90 Minuten

14. Baustein: Vergleich der Menschenbilder (NS – DDR – Bundesrepublik)

Inhalt	Arbeitsergebnisse der Bausteine 11 bis 13
Ziel	Visueller Vergleich der erarbeiteten Menschenbilder (NS – DDR – Bundesrepublik)
Methode	Anfertigen von Wandzeitungen
Material	Tapeten; Klebmaterial; Scheren; Filzschreiber
Medien	—
Dauer	45 Minuten

15. Baustein: Drei Menschenbilder begegnen sich – Ein Rollenspiel

Inhalt	Erarbeiten eines Rollenspiels nach selbstgewähltem Thema
Ziel	Verarbeiten der Menschenbilder der NS- und DDR-Zeit und der Bundesrepublik
Methode	Rollenspiel
Material	—
Medien	Arbeitsergebnisse der vorangegangenen Bausteine
Dauer	45 Minuten

16. Baustein: Auswertung der Rollenspiele

Inhalt	Die erarbeiteten Rollenspiele (siehe Baustein 15)
Ziel	Darstellung der Rollenspiele; Problematisierung und Diskussion der entwickelten Handlungsmuster
Methode	Vorstellung und Besprechung der Rollenspielergebnisse; anschließend Plenumsgespräche
Material	—
Medien	Rollenspielergebnisse
Dauer	30 Minuten (bei drei Gruppen)

17. Baustein: Falsche Propheten in unserer Gesellschaft

Inhalt	Fakultativ: Computer; Sekten; Musikgruppen, Gangs etc.
Ziel	Bewußtmachen von Ideologien und autoritären Strukturen in unserer Gesellschaft; Heranziehen von Beispielen aus dem Bereich der Jugendlichen; Erörtern der hinter den Phänomenen stehenden Menschenbilder; Fragen nach einer Erziehung, die den kritischen Umgang mit den jeweiligen Phänomenen ermöglicht
Methode	Gruppen- und Plenumsarbeit
Material	—
Medien	gem. Interessenlage der Jugendlichen ausgewählt
Dauer	45 Minuten

18. Baustein: Autorität und Gehorsam im Experiment

Inhalt	Wissenschaftler als falsche Autoritäten
Ziel	Verstehen der Bedeutung von Autoritäten bzw. Experten in unserer Gesellschaft; Erkennen der manipulativen Möglichkeiten von Autoritäten; Problematisieren des Autoritätsbegriffs; Überlegen, welche Haltung Autoritäten gegenüber sinnvoll ist
Methode	Gruppen- und Plenumsarbeit
Material	—
Medien	M. Naumann: Das Opfer schrieb mit. in: ZEIT-MAGAZIN v. 2.10.1970
Dauer	60 Minuten

19. Baustein: Erziehung zur Mündigkeit

Inhalt	Problem „Mündigkeit und Verantwortung“
Ziel	Entwickeln eines Verständnisses von emanzipatorischer Erziehung; Erkennen des Zusammenhangs von Mündigkeit und Verantwortung; Transfer in die Lebenswirklichkeit der Jugendlichen
Methode	Textarbeit
Material	—
Medien	H. A. Pestalozzi: Nach uns die Zukunft. Von der positiven Subversion. 2. Aufl. München 1979.
Dauer	45 Minuten

20. Baustein: Plakat „Erziehung morgen …“

Inhalt	Wünsche und Vorstellungen zur Erziehung der Zukunft
Ziel	Entwickeln von eigenen Vorstellungen zur Erziehung von Kindern und Jugendlichen; kritische Auseinandersetzung mit der gegenwärtigen Erziehungspraxis; kreatives Umsetzen der Ideen in Form einer Collage
Methode	Gruppenarbeit
Material	Pappe DIN A 0, Zeitschriften, Zeitungen, Klebematerial, Scheren etc.
Medien	—
Dauer	90 Minuten

21. Baustein: Auswertung der Plakate

Inhalt	Die erstellten Plakate (s. Baustein 20)
Ziel	Vorstellen der Collagen; Diskutieren der dargestellten Erziehungsvorstellungen; Transfer auf die Lebenswirklichkeit der Jugendlichen
Methode	Kreisgespräch
Material	—
Medien	Plakate (Collagen)
Dauer	45 Minuten

22. Baustein: Projekt-Feedback

Inhalt	Das abgelaufene Projekt
Ziel	Sich emotional und rational zu den Erfahrungen mit dem abgelaufenen Projekt äußern; Vorschläge zur Verbesserung entwickeln usw.
Methode	Feedback in der Großgruppe (ohne Diskussion)
Material	—
Medien	—
Dauer	ca. 15 Minuten (bei 15 bis 20 Teilnehmer)

Raum für eigene Bausteine und Notizen

5.5. Bausteine für Jugendliche ab 16 Jahren

Dieses Kapitel stellt 20 weitere Bausteine zum Thema „Grundfragen der Erziehung“ vor, die Sie in erster Linie für Jugendliche gebrauchen können, die 16 Jahre und älter sind. Die Bausteine eigenen sich sowohl für die Arbeit mit Schülern als auch mit Studenten. Die Reihenfolge, in der die Bausteine abgedruckt sind, kann beibehalten werden. Sie repräsentiert einen möglichen Projektverlauf. Selbstverständlich können Sie aber auch hier die vorgeschlagene Reihenfolge auch nach Ihren Wünschen ändern. Stellen Sie sich Ihr eigenes Projekt zusammen, lassen Sie Bausteine weg, ergänzen Sie welche.

---

1. Baustein: Erwartungen

Inhalt	Erwartungen an und Informationen über das Projekt
Ziel	Formulierung von Fragen, Wünschen, Vorstellungen usw. bezüglich des Themas und der Projektgestaltung; Darstellung des Projektverlaufs
Methode	Gruppengespräch
Material	—
Medien	ggf. Papier/Folie zum Projektverlauf; OH-Projektor
Dauer	ca. 20 Minuten

---

2. Baustein: Collagen

Inhalt	Erstellung von Collagen zum Thema „Rollenverständnis – Mann und Frau in der Gesellschaft“
Ziel	Sensibilisierung für die Problematik spezifischer Rollenmuster von Mann und Frau in Gesellschaft, Beruf und Familie; rational-emotionaler und kooperativer Einstieg in das Themenfeld
Methode	Kleingruppenarbeit
Material	Pappe DIN A 0, Zeitschriften, Zeitungen, Klebe, Scheren etc.
Medien	—
Dauer	90 Minuten

3. Baustein: Auswertung der Collagen

Inhalt	Vorstellung und Besprechung der erstellten Collagen (s. Baustein 2)
Ziel	erste Problematisierung; Vertreten eigener Ideen; Aussprechen persönlicher Erfahrungen
Methode	Vortrag der gewählten Kleingruppenvertreter vor dem Plenum; Aussprache in der Großgruppe
Material	Stellwände o. ä.
Medien	Collagen
Dauer	45 Minuten

4. Baustein: „Meine Frau bleibt zu Hause."

Inhalt	Das Problem des traditionellen Frauenbildes
Ziel	Problematisieren des traditionellen Frauenbildes; Erkennen des Zusammenhangs von Frauenbild und Erziehung; kritische Würdigung des traditionellen Frauenbildes
Methode	Textarbeit und Diskussion im Plenum
Material	—
Medien	Text in: Der Mensch gestaltet seine Welt. Stuttgart u. a. 1993. 4
Dauer	45 Minuten

5. Baustein: Erziehung zur Emanzipation

Inhalt	Grundlagen emanzipatorischer Erziehung
Ziel	Entwickeln eines Verständnisses von emanzipatorischer Erziehung; Klären der historischen Dimension emanzipatorischer Erziehung; Problematisieren der Ermanzipationsbestrebungen von Frauen; Methoden und Maßnahmen emanzipatorischer Erziehung
Methode	Textarbeit in Kleingruppen; anschließend Plenumsgespräch
Material	—
Medien	Texte zur emanzipatorischen Erziehung aus: G. Bubolz: Normen und Ziele in der Erziehung. 2. überarb. Aufl. Frankfurt 1991
Dauer	160 Minuten

6. Baustein: Erziehung als Manipulation?

Inhalt	Das Problem der Manipulation in der Erziehung
Ziel	Klärung des Vorverständnisses von „Erziehung“ und „Manipulation“; Überlegungen zum Zusammenhang von Erziehung und Manipulation; Problematisieren des Manipulationsbegriffs
Methode	Partnerarbeit anhand entsprechender Papers; anschließend Kreisgespräch
Material	—
Medien	Lexikonartikel, Arbeitsblätter
Dauer	45 Minuten

7. Baustein: Der Mensch – ein manipuliertes Wesen?

Inhalt	Grundfragen der Anthropologie
Ziel	Beschäftigen mit der Frage nach dem Wesen des Menschen; Problematisieren der Frage, ob Manipulation schicksalhaft und/oder bedrohend ist; Überlegen, welche Möglichkeiten der Mensch hat, sich gegen Manipulationen zur Wehr zu setzen
Methode	Textarbeit und Gruppengespräch im Plenum
Material	—
Medien	A. Portmann: Manipulation als Grundphänomen des Menschen. Zürich 1969. 8ff., 13ff., 19ff., 25ff., 41ff.
Dauer	90 Minuten

8. Baustein: Erziehung zur Kritikfähigkeit

Inhalt	Maßnahmen und Möglichkeiten, zur Kritikfähigkeit zu erziehen
Ziel	Überlegen, welche Entwicklungsprozesse der Mensch durchläuft; Maßnahmen erörtern, die die Kritik- und Entscheidungsfähigkeit fördern; Maßnahmen wider die Manipulation diskutieren; eigene Erziehungsvorstellungen und -wünsche thematisieren
Methode	Einzelarbeit; anschl. Plenumsgespräch
Material	—
Medien	Arbeitspapier
Dauer	45 Minuten

9. Baustein: Sitten, Normen und Gebräuche

Inhalt	Einführung in die Geschichtlichkeit von Normen und Werten
Ziel	Kennen lernen der historischen Bedingtheit von Normen und Werten; Reflektieren der Gültigkeit von Normen und Werten
Methode	Textarbeit
Material	—
Medien	Texte aus: Der Mensch lebt in seiner Welt. Heft 2. Stuttgart 1993. 38
Dauer	60 Minuten

10. Baustein: Entstehung und Umgang mit Regeln und Normen

Inhalt	Auszug aus W. Golding „Herr der Fliegen"
Ziel	Verstehen, wie Regeln und Normen entstehen; über den Umgang mit Regeln und Normen nachdenken
Methode	Textlektüre; Gruppengespräch
Material	—
Medien	Auszüge aus W. Golding: Herr der Fliegen. Frankfurt/M 1963
Dauer	60 Minuten

11. Baustein: Das Prinzip Verantwortung

Inhalt	Grundfragen der moralischen Verantwortung
Ziel	Den Zusammenhang von Handeln und Verantwortung erkennen; Entscheidungskritierien für verantwortliches Handeln erarbeiten; Schwierigkeiten im Umgang mit Verantwortung verstehen
Methode	Kreisgespräch
Material	—
Medien	—
Dauer	20 Minuten

12. Baustein: Verantwortlichkeit des Wissenschaftlers

Inhalt	Auszüge aus: M. Frisch „Die Physiker"

Ziel	Das Problem der Verantwortung am Beispiel des Wissenschaftlers diskutieren; eigene Einstellung zum Thema einbringen und erörtern; die Frage der Verantwortung des Wissenschaftlers heute stellen und diskutieren
Methode	Textarbeit in Kleingruppen, anschl. Plenumsgespräch
Material	—
Medien	Auszüge aus M. Frisch: Die Physiker. Zürich 1962
Dauer	60 Minuten

13. Baustein: Gesetze in der Freiheit

Inhalt	Zitat Montesquieu „In einem Staat, in einer Gesellschaft, in der es Gesetze gibt, kann die Freiheit nur darin bestehen, das tun zu können, was man wollen darf, und nicht gezwungen zu sein, zu tun, was man nicht wollen darf."
Ziel	Interpretation des Zitats; Klärung des Zusammenhangs des Zitats und der Bausteine 9 bis 12; Nennen von Beispielen aus der jüngeren und älteren Geschichte
Methode	Gruppenarbeit, anschl. Auswertung im Plenum
Material	—
Medien	Zitat (s. Inhalt)
Dauer	30 Minuten

14. Baustein: Werte

Inhalt	Interaktionsspiel „Werte-Handel"
Ziel	eigene Wertvorstellungen artikulieren und diskutieren; über die Relativität von Wertvorstellungen nachdenken; zu einer Hierarchie eigener Wertvorstellungen kommen
Methode	Gruppenspiel
Material	—
Medien	Werte-Handel. aus: Kliebisch: Kooperation und Werthaltungen. Mülheim 1995
Dauer	60 Minuten

15. Baustein: Auswertung des Interaktionsspiels „Werte-Handel"

Inhalt	Ergebnisse des Interaktionsspiels (s. Baustein 14)
Ziel	Besprechung der Erfahrungen mit dem Spiel „Werte-Handel"
Methode	Kreisgespräch
Material	—
Medien	Spielergebnisse
Dauer	45 Minuten

16. Baustein: Erziehungsziel „Glück"

Inhalt	Glück als Wunschvorstellung des Menschen
Ziel	über Glücksvorstellungen nachdenken; Glück als wünschenswerten Zustand erkennen; über die Wandelbarkeit von Glückserfahrungen sprechen
Methode	Textvergleich
Material	—
Medien	E. Heidenreich: Über den Sinn des Lebens. in: Brigitte 19/1986.7 und J. Bobrowski: Boehlendorff und andere. Stuttgart 1965. 70ff.
Dauer	45 Minuten

17. Baustein: Umweltbewußtsein – ein Erziehungsziel?

Inhalt	Mensch und Natur
Ziel	sich über das zum Teil widersprüchliche Verhältnis des Menschen zur Natur klar werden; das Problem der Umweltzerstörung diskutieren; über Möglichkeiten von Umwelterziehung nachdenken;
Methode	Gedichtinterpretation
Material	—
Medien	Th. Fontane: Die Brück am Tay. in: Sämtliche Werke. München 1962. 165ff.
Dauer	45 Minuten

18. Baustein: Sinn im Leben – Ein Rollenspiel

Inhalt	Rollenspiel: Entwickeln eines Gesprächs zwischen einem 17jährigen Jungen und einem 18jährigen Mädchen über Glück und Sinn im Leben
Ziel	Bewußtmachen eigener Sinn- und Glücksvorstellungen; Diskutieren und Problematisieren dieser Vorstellungen
Methode	Rollenspiel
Material	—
Medien	—
Dauer	45 Minuten

19. Baustein: Auswertung der Rollenspiele

Inhalt	Ergebnisse der Rollenspiele
Ziel	Reflexion der Ergebnisse der Rollenspiele; Transfer auf die Lebenswirklichkeit der Jugendlichen
Methode	Kreisgespräch
Material	—
Medien	—
Dauer	30 Minuten

20. Baustein: Projekt-Feedback

Inhalt	Das abgelaufene Projekt
Ziel	sich emotional und rational zu den Erfahrungen mit dem abgelaufenen Projekt äußern; Schwierigkeiten, Probleme usw. benennen; Vorschläge zur Verbesserung entwickeln usw.
Methode	Feedback in der Großgruppe ohne Diskussion
Material	—
Medien	—
Dauer	15 Minuten

Raum für eigene Bausteine und Notizen

5.6. Literatur, Quellen, Medien

a. Literatur zum Thema „Grundfragen der Erziehung“ für die Hand des Lehrenden (s. A. Kap. 3.6.A und 4.6.a)

Ballauf, T. u. K. Schaller: Pädagogik. Eine Geschicht der Bildung und Erziehung. Bd. 1-3. Freiburg / München 1969.

Heller, K. u. H. Nickel (Hrsg.): Psychologie in der Erziehungswissenschaft. Ein Studienprogramm. Bd. 1–4. 2. Aufl. Stuttgart 1978.

Knoop, K. u. M. Schwab: Einführung in die Geschichte der Pädagogik. Pädagogen-Portraits aus vier Jahrhunderten. Heidelberg 1981.

Raum für eigene Notizen und weitere Literatur

b. Quellen und Medien für die Projektgestaltung

Bobrowski, J.: Boehlendorff und andere. Stuttgart 1965.

Bubolz, G.: Arbeitshefte für Erziehungswissenschaft. Normen und Ziele in der Erziehung. 2. überarb. Aufl. Frankfurt 1991.

Der Mensch gestaltet seine Welt. Stuttgart u. a. 1993.

Der Mensch lebt in seiner Welt. Heft 2. Stuttgart 1993.

Fontane, T.: Die Brück am Tay. in: Sämtliche Werke. München 1962. 165ff.

Frisch, M.: Die Physiker. Zürich 1962.

Golding, W.: Herr der Fliegen. Frankfurt/M 1963.

Grundgesetz der Bundesrepublik Deutschland

Heidenreich, E.: Über den Sinn des Lebens. in: Brigitte 19/1986.

Hoffmann, H.: Der Struwwelpeter. O. w. A.

Höss, R.: Kommandant in Auschwitz. 5. Aufl. München 1978

Jugendgesetz der DDR. In: Neues Deutschland vom 2.2.1974

Kliebisch, U.: Kooperation und Werthaltungen. Interaktionsspiele und Infos für Jugendliche. Mülheim 1995.

Naumann, M.: Das Opfer schrieb mit. in: ZEIT-MAGAZIN v. 2.10.1970

Pestalozzi, H. A.: Nach uns die Zukunft. Von der positiven Subversion. 2. Aufl. München 1979.

Portmann, A.: Manipulation als Grundphänomen des Menschen. Zürich 1969.

Raum für eigene Notizen und weitere Literatur

6. Literaturverzeichnis

Altner, G.: Die Überlebenskrise in der Gegenwart. Ansätze zum Dialog mit der Natur in Naturwissenschaft und Theologie. Darmstadt 1987.

Altner, G.: Naturvergessenheit. Grundlagen einer umfassenden Bioethik. Darmstadt 1991.

Ballauf, Th.; Schaller, K.: Pädagogik. Eine Geschichte der Bildung und Erziehung. Bd. III: 19./20. Jahrhundert. Freiburg, München 1973.

Bandler, R.: Veränderungen des subjektiven Erlebens. Fortgeschrittene Methoden des NLP. Paderborn 1987.

Bandler, R.: Bitte verändern Sie sich ... jetzt! Paderborn 1991.

Bandler, R. / Grinder, J.: Neue Wege der Kurzzeit-Therapie. 9. Aufl. Paderborn 1991.

Bastian, J. / Gudjons, H. (Hrsg.): Das Projektbuch. Theorie – Praxisbeispiele – Erfahrungen. 3. Aufl. Hamburg 1991.

Bastian, J.; Gudjons, H. (Hrsg.): Das Projektbuch II. Über die Projektwoche hinaus. – Projektlernen im Fachunterricht. Hamburg 1990.

Beinke, L. u. a.: Das Projekt. Theorie, Methoden, Beispiele. Köln 1990.

Boettcher, W. u. a.: Lehrer und Schüler machen Unterricht. Unterrichtsplanung als Sprachlernsituation. 3. Aufl. München, Wien, Baltimore 1986.

Bolscho, D. / Eulefeld, G. / Seybold, H.: Umwelterziehung. Neue Aufgaben für die Schule. München, Wien, Baltimore 1980.

Borgart, E. J.: Wirkfaktoren der rational-emotiven Therapie in Gruppen. In: Gruppendynamik (1986), H. 3, S. 287ff.

Capra, F.: Wendezeit. Bausteine für ein neues Weltbild. Bern, München, Wien 1985.

Capra, F.: Das neue Denken. Die Entstehung eines ganzheitlichen Weltbildes im Spannungsfeld zwischen Naturwissenschaft und Mystik. Begegnungen und Gespräche mit führenden Geistes- und Naturwissenschaftlern der Wendezeit. Bern, München 1987.

Cohn, R. C.: Zur Grundlage des themenzentrierten interaktionellen Systems: Axiome, Postulate, Hilfsregeln. In: dies.: Von der Psychoanalyse zur themenzentrierten Interaktion. Von der Behandlung einzelner zu einer Pädagogik für alle. 10. Aufl. Stuttgart 1991, S. 120ff. (191 a)

Cohn, R. C.: Von der Psychoanalyse zur themenzentrierten Interaktion. Von der Behandlung einzelner zu einer Pädagogik für alle. 10. Aufl. Stuttgart 1991. (1991 b)

Dewey, J.: Der Mensch und sein Verhalten. In: ders.: Psychologische Grundfragen der Erziehung. Der Mensch und sein Verhalten – Erfahrung und Erziehung. eingel. u. hrsg. v. W. Correll. München 1974, S. 23ff. (1974 a)

Dewey, J.: Psychologische Grundfragen der Erziehung. Der Mensch und sein Verhalten. Erfahrung und Erziehung. eingl. u. hrsg. v. W. Correll. München 1974. (1974 b)

Ditfurth, H. v.: Der Geist fiel nicht vom Himmel. Die Evolution unseres Bewußtseins. Hamburg 1976.

Ditfurth, H. v.: Innenansichten eines Artgenossen. Meine Bilanz. Düsseldorf 1989.

Eichmann, R. / Kliebisch, U.: „Ehrfurcht vor dem Leben". Ein Projekt zum Thema Umweltschutz. In: Kliebisch, U. / Eichmann, R.: Vergiß das Fühlen nicht! Schulische Beratung in Theorie und Praxis. Bochum 1991, S. 113ff.

Engel, U. / Hurrelmann, K.: Psychosoziale Belastung im Jugendalter. Berlin, New-York 1989.

Ellis, A.: Rational-emotive psychotherapy. St. Louis 1962. (1962 a)

Ellis, A.: Reason and emotion in psychotherapy. New York 1962. (1962 b)

Ellis, A.: Reaching emotional education in the classroom. School Health Review (1969), H. 11, S. 10ff.

Ellis, A.: Training der Gefühle – Wie Sie sich hartnäckig weigern, unglücklich zu sein. München 1989.

Figge, P.: Lernen durch Spielen. Praktische Dramapädagogik und Dramatherapie. Heidelberg 1975.

Freud, A.: Das Ich und die Abwehrmechanismen. 9. Aufl. München 1977.

Frör, H.: Spiel und Wechselspiel. Kommunikationsspiele für Gruppen. Material und Methodik. München 1987.

Gawain, S.: Stell dir vor. Kreativ visualisieren. Reinbek 1989.

Goffman, E.: Wir alle spielen Theater. Die Selbstdarstellung im Alltag. 4. Aufl. München 1983.

Gordon, Th.: Familienkonferenz. Die Lösung von Konflikten zwischen Eltern und Kind. Reinbeck 1980.

Gordon, Th.: Lehrer-Schüler-Konferenz. Wie man Konflikte in der Schule löst. Reinbek 1981.

Gordon, Th.: Managerkonferenz. Effektives Führungstraining. München 1989.

Grammer, K.: Biologische Grundlagen des Sozialverhaltens. Verhaltensforschung in Kindergruppen. Darmstadt 1988.

Grom, B.: Methoden für den Religionsunterricht, Jugendarbeit und Erwachsenenbildung. Düsseldorf 1976.

Gudjons, H.: Spielbuch Interaktionserziehung. 181 Spiele und Übungen zum Gruppentraining in Schule, Jugendarbeit und Erwachsenenbildung. 4. erg. Aufl. Bad Heilbrunn 1990.

Hänsel, D. (Hrsg.): Das Projektbuch Grundschule. 4. Aufl. Weinheim 1992.

Hänsel, D.; Müller, H.: Das Projektbuch Sekundarstufe. Weinheim 1988.

Heiland, S.: Naturverständnis. Dimensionen des menschlichen Naturbezugs. Mit einem Vorwort von G. Altner. Darmstadt 1992.

Heimlich, R.: Soziales und emotionales Lernen in der Schule. Ein Beitrag zum Arbeiten mit Interaktionsspielen. Weinheim, Basel 1988.

Heller, K.; Nickel, H. (Hrsg.): Psychologie in der Erziehungswissenschaft. Ein Studienprogramm Bd. I–IV. 3. Aufl. Stuttgart 1980.

Hentig, H. v.: Was ist eine humane Schule? 5. Aufl. München, Wien 1979.

Hurrelmann, K.; Ulich, D. (Hrsg.): Handbuch der Sozialisationsforschung. 2. Aufl. Weinheim / Basel 1982.

King, M. L.: Aufruf zum zivilen Ungehorsam. Düsseldorf 1969.

Kirsten, R. E.; Müller-Schwarz, J.: Gruppen Training. Ein Übungsbuch mit 59 Psycho-Spielen, Trainingsaufgaben und Tests. Reinbek 1982.

Kliebisch, U.: Einführung in die Pädagogik der personalen Interaktion. Theoretische Grundlegung und Möglichkeiten der praktischen Anwendung. Bochum 1981. (1981 a).

Kliebisch, U.: Transzendentalphilosophie als Kommunikationstheorie. Eine Interpretation der Dialektik Friedrich Schleiermachers vor dem Hintergrund der Erkenntnistheorie Karl-Otto Apels. (Bochumer Studien zur Publizistik und Kommunikationswissenschaft Bd. 28) Bochum 1981. (1981 b)

Kliebisch, U.: Beratungsgespräche. In: ders. / Eichmann, R.: Vergiß das Fühlen nicht! Schulische Beratung in Theorie und Praxis. Bochum 1991, S. 9 ff. (1991 a)

Kliebisch, U.: Kommunikationstraining für Lehrer. Ein Projekt zum Thema Feed-back. In: ders. / Eichmann, R.: Vergiß das Fühlen nicht! Schulische Beratung in Theorie und Praxis. Bochum 1991, S. 71 ff. (1991 b)

Kliebisch, U.: Das Anti-Streß-Programm. Ein Trainingsbuch zur psychologischen Selbst-Hilfe. Essen 1995. (1995 a)

Kliebisch, U.: Neues Lernen braucht das Land. Arbeit in fächerübergreifenden Projekten und wie man sich dafür einsetzt. In: Schule heute 36 (1996), H. 3, S. 10–12.

Kliebisch, U.; Fleskes, D.: Projektarbeit – Chancen und Probleme. In: NDS. 47 Jg., 2., 14–19.

Kliebisch, U. / Eichmann, R.: Vergiß das Fühlen nicht! Schulische Beratung in Theorie und Praxis. Bochum 1991.

Kliebisch, U. / Eichmann, R.; Basten, K. H.: So bestehen Sie das Abitur! Hilfen zur systematischen Prüfungsvorbereitung. Bochum 1991.

Kliebisch, U. / Wach, J.: AIDS-Prophylaxe im pädagogischen Alltag – Ein Projekt für Schülerinnen und Schüler einer Jahrgangsstufe 10. In: Kliebisch, U. u. a.: AIDS – ein Konzept mit Materialien für den Projektunterricht. Bochum 1994, S. 55 ff.

Kliebisch, U. u. a.: AIDS – ein Konzept mit Materialien für den Projektunterricht. Bochum 1994.

Knaus, W. J.: Rational-emotive Erziehung. Ein Leitfeiden für Lehrer zur Anwendung im Schulunterricht. Köln 1983.

Knopp, K.; Schwab, M.: Einführung in die Geschichte der Pädagogik. Pädagogen-Portraits aus vier Jahrhunderten. Heidelberg 1981.

Krieger, U.: Identität und Erziehung. Die Bedeutung von Identitätstheorien für die Pädagogik. Frankfurt/M. 1985.

Kuiper, P. C.: Der Verschwörung gegen das Gefühl. Psychoanalyse als Hermeneutik und Naturwissenschaft. Aus d. Niederl. übers. v. H. Steinmetz. Stuttgart 1980.

Kultusminister das Landes NRW: Richtlinien Philosophie. Gymnasiale Oberstufe. Köln 1981.

Kultusminister des Landes NRW: Richtlinien Deutsch. Sekundarstufe I. Frechen 1993.

Lauster, P.: Lassen Sie sich nichts gefallen. Düsseldorf 1985.

Lauster, P.: Die Liebe. Psychologie eines Phänomens. Reinbek 1988.

Lauster, P.: Die sieben Irrtümer der Männer. Reinbek 1989. (1989 a)

Lauster, P.: Wege zur Gelassenheit. Souveränität durch innere Unabhängigkeit und Kraft. Reinbek 1989. (1989 b)

Lauster, P.: Der Sinn des Lebens. Düsseldorf 1989. (1989 c)

Lazarus, A.; Fay, A.: Ich kann, wenn ich will. Anleitung zur psychologischen Selbsthilfe. München 1985.

Lewis, H. R. / Streitfeld, H. S.: Spiele, die glücklich machen. Intensiver leben durch Psychotraining. Bergisch-Gladbach 1977.

Lippitz, W.; Meyer- Drawe, K. (Hrsg.): Kind und Welt. Phänomenologische Studien zur Pädagogik. Meisenheim 1984.

Loveclock, J.: GAIA. Die Erde ist ein Lebewesen. München 1992. (1992 a)

Loveclock, J.: Wie krankt ist GAIA? In: Psychologie heute 19 (1992), H. 10, S. 30 ff. (1992 b)

Maultsy, M. C.; Henricks, A.; Diekstra, R. F. W: Sie und Ihre Gefühle. Amsterdam, Lisse 1978.

Meister, R.: Beiträge zur Theorie der Erziehung. Wien 1946.

Mill, St.: Der Utilitarismus. übers. v. D. Birnbacher. Stuttgart 1975.

Miller, A.: Am Anfang war Erziehung. Frankfurt/M. 1980.

Molcho, S.: Körpersprache. München 1983.

Molcho, S.: Körpersprache als Dialog. Ganzheitliche Kommunikation in Beruf und Alltag. München 1988.

Molcho, S.: Partnerschaft und Körpersprache. München 1990.

Mollenhauer, K.: Aspekte einer strukturalen pädagogischen Interaktionsanalyse. Methodologische Hypothesen zur gesellschaftlichen Formierung von Bildungsverläufen. In: Röhrs, H. (Hrsg.): Die Erziehungswissenschaft und die Pluralität ihrer Konzepte. Wiesbaden 1979, S. 252 ff.

Montessori, M.: Kinder sind anders. Frankfurt/M., Berlin, Wien 1980.

Montessori, M.: Erziehung zum Menschen. Montessori-Pädagogik heute. Frankfurt/M. 1984.

Natrop, P.: Pädagogik und Philosophie. Drei pädagogische Abhandlungen. bes. v. W. Fischer u. a. Paderborn 1964.

Neuschäfer, K.: Supervision für Lehrer – Überlegungen zu einem Konzept. In: Pädagogikunterricht 12 (1992), H. 1, S. 34 ff.

Nohl, H.: Pädagogik aus dreißig Jahren. Frankfurt/M. 1949.

Nohl, H.: Die pädagogische Bewegung in Deutschland. 6. Aufl. Frankfurt/M. 1963.

Oelkers, J.: System, Subjekt und Erziehung. In: ders.; Tenorth, H.-E. (Hrsg.): Pädagogik, Erziehungswissenschaft und Systemtheorie. Weinheim, Basel 1987, S. 175ff.

Oelkers, J. / Tenorth, H.-E. (Hrsg.):Pädagogik, Erziehungswissenschaft und Systemtheorie. Weinheim, Basel 1987.

Oeser, E.; Seitelberger, F.: Gehirn, Bewußtsein und Erkenntnis. Darmstadt 1988.

Olszowi, E.: Überlegungen zu den anthropologischen Grundlagen der TZI. In: Gruppenarbeit: Themenzentriert. Entwicklungsgeschichte, Kritik und Methodenreflexion. Mainz 1987, S. 24ff.

Rogers, C. R.: Entwicklung der Persönlichkeit. 3. Aufl. Stuttgart 1979. (1979a)

Rogers, C. R.: Lernen in Freiheit. Zur Bildungsreform in Schule und Universität. 3. Aufl. München 1979. (1979b)

Rogers, C. R.: Freiheit und Engagement. Personenzentriertes Lehren und Lernen. München 1984.

Rogers, c. R.: Die klientenzentrierte Gesprächspsychotherapie. Client-centered Therapy. Frankfurt/M. 1987. (1987a)

Rogers, C. R.: Therapeut und Klient. Grundlagen der Gesprächspsychotherapie. Frankfurt/M. 1987. (1987b)

Rogers, C. R.; Rosenberg, R. L.: Die Person als Mittelpunkt der Wirklichkeit. Aus dem Amerik. u. Portug. v. E. Görg. Stuttgart 1981.

Schaller, K.: Pädagogik der Kommunikation. In: ders. (Hrsg.): Erziehungswissenschaft der Gegenwart. Prinzipien und Perspektiven moderner Pädagogik. Bochum 1979, S. 155ff. (1979a)

Schaller, K. (Hrsg.): Erziehungswissenschaft der Gegenwart. Prinzipien und Perspektiven moderner Pädagogik. Bochum 1979. (1979b)

Scheflen, A. A.: Körpersprache und soziale Ordnung. Stuttgart 1990.

Schleiermacher, F. D. E.: Ausgewählte pädagogische Schriften. 2. Aufl. Paderborn 1964.

Schulz von Thun, F.: Miteinander Reden 1. Störungen und Klärungen. Allgemeine Psychologie der Kommunikation. Reinbek 1989. (1989a)

Schulz von Thun, F.: Miteinander Reden 2. Stile, Werte und Persönlichkeitsentwicklung. Differenzielle Psychologie der Kommunikation. Reinbek 1989. (1989b)

Schwartz, D.: Gefühle erkennen und positiv beeinflussen. Landsberg 1987.

Schweitzer, A.: Die Ehrfurcht vor dem Leben. In: ders.: Die Lehre von der Ehrfurcht vor dem Leben. Grundtexte aus fünf Jahrzehnten. Im Auftrag des Verfassers hrsg. v. H. W. Bähr. München 1976, S. 32ff. (1976a)

Schweitzer, A.: Die Entstehung der Lehre von der Ehrfurcht vor dem Leben und ihre Bedeutung für unsere Kultur. In: ders.: Die Lehre von der Ehrfurcht vor dem Leben. Grundtexte aus fünf Jahrzehnten. Im Auftrag des Verfassers hrsg. v. H. W. Böhr. München 1976, S. 13ff. (1976b)

Schweitzer, A.: Die Forderung der neuen Lehre. In: ders.: Die Lehre von der Ehrfurcht vor dem Leben. Grundtexte aus fünf Jahrzehnten. Im Auftrag des Verfassers hrsg. v. H. H. Bähr. München 1976, S. 38ff. (1976c)

Schweitzer, A.: Die Lehre von der Ehrfurcht vor dem Leben. Grundtexte aus fünf Jahrzehnten. Im Auftrag des Verfassers hrsg. v. H. W. Bähr. München 1976. (1976d)

Schweitzer, A.: Philosophie und Tierschutzbewegung. In: ders.: Die Lehre von der Ehrfurcht vor dem Leben. Grundtexte aus fünf Jahrzehnten. Im Auftrag des Verfassers hrsg. v. H. W. Bähr. München 1976, S. 92ff. (1976e)

Schweitzer, A.: Das Problem des Ethischen in der Entwicklung des menschlichen Denkens. In: ders.: Die Lehre von der Ehrfurcht vor dem Leben. Grundtexte aus fünf Jahrzehnten. Im Auftrag des Verfassers hrsg. v. H. W. Bähr. München 1976, S. 99ff. (1976f)

Schweitzer, A.: Leben, Werk und Denken. 1905–1965. Mitgeteilt in seinen Briefen. Bähr, H. W. (Hrsg.). Heidelberg 1987.

Singer, K.: Maßstäbe für eine humane Schule. Mitmenschliche Beziehung und angstfreies Lernen durch partnerschaftlichen Unterricht. Frankfurt/M. 1981.

Skinner, B. F.: Jenseits von Freiheit und Würde. Reinbek 1973.

Skinner, B. F.: Die Funktion der Verstärkung in der Verhaltenswissenschaft. München 1974.

Stirner, M.: Der Einzige und sein Eigentum. Leipzig o. J.

Tausch, R.: Lebensschritte. Umgang mit belastenden Gefühlen. Reinbek 1989.

Tausch, R.; Tausch, A.-M.: Wege zu uns und anderen. Menschen suchen sich selbst zu verstehen und anderen offener zu begegnen. Reinbek 1989.

Vester, F.: Phänomen Streß. Wo liegt sein Ursprung, warum ist er lebenswichtig, wodurch ist der entartet? München 1978.

Vester, F.: Denken, Lernen, Vergessen. Was geht in unserem Kopf vor, wie lernt das Gehirn, und wann läßt es uns im Stich? 6. Aufl. München 1980.

Vester, F.: Neuland des Denkens: Vom technokratischen zum kybernetischen Zeitalter. 2. Aufl. München 1984.

Vester, F.: Unsere Welt – ein vernetztes System. 2. Aufl. München 1985.

Vopel, K. W.: Handbuch für Gruppenleiter. Zur Theorie und Praxis der Interaktionsspiele. (Lebendiges Lehren und Lernen Bd. 8) 5. Aufl. Hamburg 1988.

Wagner, A. C.: Schülerzentrierter Unterricht. In: Wagner, A. C. (Hrsg.): Schülerzentrierter Unterricht. München, Berlin, Wien 1978, S. 5ff.

Watson, J. B.: Psychology as behaviorist it viewa. In: Psych. Rev. (20) 1913, S. 158ff.

Watson, J. B.: The place of the conditioned reflex in psychology. In: Psych. Rev. (23) 1916, S. 89ff.

Watzlawick, P.; Beavin, J. H.; Jackson, D. D.: Menschliche Kommunikation. Formen, Störungen, Paradoxien. 8. Aufl. Berlin 1990.

Weizsäcker, E. U. v.: Erdpolitik. Ökologische Realpolitik an der Schwelle zum Jahrhundert der Umwelt. 3. aktual. Aufl. Darmstadt 1992.

Wieck, W.: Männer lassen lieben. Die Sucht nach der Frau. 8. Aufl. Stuttgart 1988.

Wieck, W.: Wenn Männer lieben lernen. Stuttgart 1990.

Wuketits, F. M.: Evolution, Erkenntnis, Ethik. Folgerungen aus der modernen Biologie. Darmstadt 1984.

Wuketits, F. M.: Zustand und Bewußtsein. Leben als biophilosophische Synthese. Hamburg 1985.

Ziehe, T.; Stubenrauch, H.: Plädoyer für ungewöhnliches Lernen. Ideen zur Jugendsituation. Reinbek 1982.